村上水軍

その真実の歴史と経営哲学

園尾隆司［著］

一般社団法人 **金融財政事情研究会**

はしがき

　本書は、裁判官の目から見た村上水軍の真実の歴史と、その中から見えてくる経営哲学としての村上水軍哲学についての研究書である。

　村上水軍が成立したのは、今から約1000年前の1070年ごろのことであり、村上水軍の属する瀬戸内水軍の頂点に立つ河野水軍が成立したのは、これをさらに300年遡る730年ごろ、今から約1300年前のことである。村上水軍については、1580年ごろの織田信長・豊臣秀吉時代の戦争への関与が取り上げられるのが一般的であるが、その成立の歴史は古代にまで遡る。本書は、古代から現代までの村上水軍の歴史と、歴史に裏打ちされた経営哲学について解説するものである。

　村上水軍は、最近では村上海賊として一般に広く知られている。海賊の用語には二義があり、江戸時代以前は「水軍」の意であったが、明治時代以降は「海の賊徒」と解されている。いうまでもなく、村上水軍は「水軍」であるが、読者の目を引くために水軍を「海賊」と記述する書籍が氾濫しており、そのために、水軍が元は「海の賊徒」であったかのような誤解が一般の読者に広まっている。このような誤った見方が流布されていることについて、能島村上家の末裔である村上公一氏は、著書『どっこい海賊は生きている』の中で、"歴史探訪の虚と実と"として、こう述べて嘆息する。

　「虚像が正しい史観としてまかり通るとなると、これはまさに滑稽どころではない。しかも、著名な史家なる者が書いたともなると、これは許し難い罪悪とすら思うのである。村上海賊史についても、このことは指摘できる。さまざまな著者が先祖の海賊衆について語られ、その史実について推測されるのは自由であるが、私から見れば、とんでもない見解をしておられるものも少なくない。例えば村上家の生い立ちとか、能島城が火攻めになって焼け落ちたとか、武吉（たけよし）出生と死去のことなど。村上系図に至っては、これはもう論外、いささか狂ってくる。」

　歴史探訪とか村上海賊史とかが悪意を持って書かれているわけではない。しかし、読者の目を引くことを目指すあまりに、興味を引きそうな根拠不明

の先行書を引き写したり、個人的推測を事実であるかのように記述したり、聞きかじりの知識を事実であるかのように記述したりする結果、出来上がった書籍は史実から遠く離れたものとなっていく。加えて、古文書中に出てくる人名が誰に当たるかの認定は容易ではなく、著名な歴史研究家であっても、事実を誤認して記述することがある。長じるに伴って名前が変化し、家督相続後は先代と同名になることも多く、戸籍制度がないので年齢も氏名の変遷も不明なためである。家系図はどうかというと、能島村上家・因島村上家の家系図の大多数は、各家一族が本州・九州に移った後に、瀬戸内に残された子孫・関係者が、数百年前に活躍した先祖を思い、あるいは一族の存在を権威付けるために、言い伝えと推測に基づいて作成したものであるため、「論外」とか「狂ってくる」と評される記述となる。

　村上水軍は、日本最大の海賊といわれてきたこともあって、その歴史に触れる書籍がすこぶる多いが、その中には真実とかけ離れた描写が随所に散りばめられており、それが他に引用されて誤謬が増幅を重ねている。この流れに歯止めをかけ、真実は何かを明らかにする必要性を感じるのは、そのためである。歴史の真実を探るには、史料や書籍の記述を鵜呑みにすることなく、それらが誰によって、どんな目的で、どんな調査に基づいて書かれたのかを慎重に分析した上で、その信用性を判断しなければならず、それが歴史的事実認定の基礎である。これは、あたかも、双方当事者によって事実が真っ向から争われる裁判において、裁判官が事実を認定していく作業と類似している。裁判官の事実認定も、真実発見に熱意を持ち、かつ、公平な姿勢を持つのでなければ、「論外」の誤判となる点も、歴史的事実の認定と似通っている。

　本書は、対立する史料や書籍の記述について、なぜそのような食い違いが生じたのかを史料や書籍が作成された背景に遡って解明し、これを通じて、村上水軍の真実の歴史について解説するものである。村上水軍に関する従来の書籍においては、一般に、記述の根拠となる史料・文献が具体的に引用されていないが、根拠資料を掲げない記述は、証拠を引用しない判決と同様に、事実の真偽の検証が困難である。本書において、根拠となる史料・文献をできる限り詳細に示しているのは、記述の客観性を担保する目的からであ

る。

　村上水軍各家には、卓抜した経営の技量を持つ方が多く、各家とも、多数の企業経営者を輩出している。そこには1000年を超える歴史の中で鍛造された経営哲学があり、それは、歴史に裏打ちされた「試練を乗り越える哲学」である。村上水軍の兵法は、江戸時代の軍学書に取り上げられて以来、広く知れわたっているが、村上水軍の経営哲学は、各家相伝の水軍内哲学であるがゆえに知られていない。しかし、長期にわたり停滞している我が国の経済にとって、長い歴史の中で鍛造されてきた村上水軍哲学は注目に値する。このような視点から、経営哲学としての村上水軍哲学について解説することとしたい。

　令和2年6月

園 尾　隆 司

【主要文献の略記】

『今治市村上家等文書』 今治市『村上家・来島家文書、大山祇神社・国分寺文書、能寂寺・仙遊寺文書』古代・中世資料編（今治市、1989年）

『今治拾遺』 今治郷土史編纂委員会編『今治拾遺 資料編近世Ⅰ（元今治藩家老服部正弘編纂史料）』（今治市、1987年）

『伊予史談』 伊予史談会『伊予史談』（1915年から年4回発行されている伊予史談会機関誌）

『因島市史』 因島市史編纂委員会『因島市史』（因島市史編纂委員会、1968年）

『因島村上家文書』 広島県重要文化財『紙本墨書因島村上家文書』（1962年指定）。因島教育委員会『広島県重要文化財因島村上家文書』（同教育委員会、1965年）所収

『愛媛県史』 愛媛県史編さん委員会『愛媛県史』（愛媛県、1982～1986年）

『海賊の日本史』 山内譲『海賊の日本史』（講談社、2018年）

『木浦村年代記』 伯方島木浦三島神社『寛永十二年 豫州越智郡木浦村年代記』（伯方島観光協会、1979年）

『近現代史』 園尾隆司『民事訴訟・執行・破産の近現代史』（弘文堂、2009年）

『忽那家文書』 国重要文化財『忽那家文書』（2009年指定）、景浦勉『忽那家文書（三訂版）』（関洋紙店印刷所、1983年）に内容掲載

『周防大島町誌』 大島町役場『周防大島町誌』（大島町役場、1959年）

『水軍誌』 宮窪町教育委員会『水軍誌』（宮窪町、2000年）。『宮窪町誌』（後掲）からの抜粋

『大宰府年表』 重松敏彦『大宰府古代史年表』（吉川弘文館、2007年）

『東寺百合文書』 国宝『東寺百合文書』（1997年指定）。2015年ユネスコ世界記憶遺産登録

『伯方島誌』 村上和馬『伯方島誌』（伯方町北浦小学校、1967年）（再刊2002年）

『伯方町誌』 伯方町誌編纂会『伯方町誌』（伯方町、1988年）（中世史執筆者は村上和馬氏）

『萩藩閥閲録』 山口県文書館『萩藩閥閲録』（マツノ書店、1995年）

『松岡水軍史』 松岡進『瀬戸内海水軍史』（第8版）（瀬戸内海文化研究所、1991年）。初版の書名は『瀬戸内水軍史』。本書の頁数は（1971年刊行第5版）による。

『満斉准后日記』 満斉『満斉准后日記』（国立国会図書館蔵、デジタル公開）。

『三島大祝家譜』 三島敦雄『三島大祝家譜資料全』（大三島神社、1912年）

『宮窪町誌』 宮窪町誌編集委員会『宮窪町誌』（宮窪町、1994年）

『村上家文書調査報告書』 今治市村上水軍博物館『今治市村上水軍博物館保管村上家文書調査報告書』（今治市教育委員会、2005年）

『屋代島村上家文書』 『山口県大島郡和田町和田村村上保一郎家文書』（今治市村上

水軍博物館所蔵の村上家文書）。本文中の文書標目は『村上家文書調査報告書』の標目

「**義弘事績再検討**」　鵜久森経峯「贈正五位村上義弘の御贈位顛末と其事績の再検討」（伊予史談101号（1940年）１頁以下）

『**予章記**』　河野家により15世紀に編纂された河野家家譜。佐伯真一・山内譲『予章記』（三弥井書店、2016年）所収

『**予陽河野盛衰記**』　編者不詳『河野予陽盛衰記』（全16巻）（吉田四郎右衛門発行、1747年）（愛媛県立図書館所蔵）。本書の写本には『河野軍記』『予陽河野軍記』等の標題を付するものがある。

「**倭寇研究**」　秦野祐介「「倭寇」と海洋史観―「倭寇」は「日本人」だったのか」（立命館大学人文科学研究所紀要81号（2002年）77頁以下）

目　次

序　章　　村上水軍研究の動機と用語の定義

第１章　　村上水軍成立前史

第2章　海賊と水軍

第3章　村上水軍の成立と勢力の拡大

第4章　海賊禁止令と能島村上水軍の瀬戸内退去

序　章

村上水軍研究の動機と
用語の定義

1 村上水軍との出会い

　私の出生地は、四国山地最深部の徳島県三好郡山城谷村というところである。ここは四国四県の県境に位置し、徳島県でありながら、愛媛県にも高知県にも香川県にも歩いて行くことができる四国の中心地である（⇨39頁地図2）。しかし、四国の中心地に生まれながら、5年前まで、不覚にも瀬戸内に存在した村上水軍のことを知らなかった。

　村上水軍の末裔の方々と出会ったのは、40年間裁判官を務めた後、2014年に弁護士に転身して、国際海運会社の民事再生事件の代理人を務めたことからであった。この事件は、スポンサー探しが行き詰まり、自力再建か破産かの瀬戸際に立たされていた。その時、突如浮上したのが、瀬戸内の船主群からの資金提供の話であった。その中核は村上水軍の末裔といわれる方々であると聞いていた。かねてより、海運事件をやり遂げるには、瀬戸内の圧倒的な力に着目する必要があると聞いてはいたが、具体的にそれが何を意味するのかまでは、その当時は知る由もなかった。

　倒産手続の申立てをした会社が、第三者から資金提供を受けて再建を図ることには危険が伴う。会社更生申立てをして再建を図ったある国際海運会社は、ヘッジファンド運営会社から資金を調達したが、その後、その支配下で事業が切り売りされ、残ったのはごくわずかの事業とスペース借りをした狭い事務所のみ、とのうわさも聞いていた。そのため、資金提供者が誰であるかが問題となるが、村上水軍グループを中核とする瀬戸内船主群17社からの資金提供条件は、極めて緩やかなものであり、基本は、「海運会社として再建して日本の船主を使う存在になること」ということであった。

　再生会社が再生を遂げた後に会社担当者から聞いたところ、「村上水軍の資金提供は本物です。短期利益を追求するどころか、短期に上がった若干の収益を配当に回そうとしたところ、海運会社の業績は浮き沈みが大きいとして、当の株主から利益を内部留保するよう求められました」ということであった。これほどまでにスケールの大きいことを考える村上水軍というのは、どういう存在で、どういう経営哲学を持つものなのか。これが、民事再生事件終結後の、私の探求の課題となった。

2　時代区分

古代以降の歴史の時代区分に関して歴史家の説が分かれているが、本書においては、学問上の論争に関与せず、時代区分については、伝統的考えに基づき次のとおりとしたので、その前提でお読みいただきたい。

①　古代前期

古代前期とは、古代国家としての大和王権が、王権に服さない辺境の地の平定を進める200年前後から大化の改新の開始までの約450年間（200年前後〜645年）をいう。これは古墳時代とほぼ一致する。この時期、各地を支配していたのは豪族であった。大和王権は、最有力豪族として、各地の豪族を国造に任命し、これと連合して王権を維持する存在である。この時期の水軍は、各海域を支配する豪族の「海上戦隊としての水軍」であり、王権に従わない勢力や折に触れ侵攻してくる海外賊徒の討伐に当たる存在であった。「武装した海運業者としての水軍」はいまだ成立していない。

②　古代後期

古代後期とは、大化の改新の詔が宣せられた646年から、飛鳥・奈良・平安時代を経て、壇ノ浦の戦いで平氏が滅亡する1185年までの約500年間をいう。この間である8世紀の奈良時代に、荘園制の進展とともに、武装した海運業者としての水軍が成立し、海運に従事することとなる。この時期には海外賊徒の侵攻も頻度と激しさを増し、また、12世紀には源平の対立が激化し、水軍はその存在感を強めていく。

③　中　世

壇ノ浦の戦いで平氏が滅亡した1185年から、鎌倉時代を経て、南北朝・室町時代と続き、織田信長が将軍足利義昭を京都から追放して室町幕府が滅亡する1573年までの約400年間を中世という。中世には、朝廷・幕府に臣従しつつ土地を領有して、領民に対し独自の支配権を有する領主が存在した。武装した海運業者である水軍は、海の警固者として、領主から一定の海域支配を認められていく。

④　南北朝時代

中世のうち、足利尊氏が京都で光明天皇を擁立して北朝を立て、京都を脱

出した後醍醐天皇が吉野行宮で南朝を立てて北朝と対立した1336年から、両朝が統一される1392年までの57年間を南北朝時代という。南北朝時代には、各地で南朝方と北朝方の戦乱が続き、南朝と北朝のいずれが海運業者である水軍を味方に付けるかの熾烈な競争があり、水軍を味方に引き入れるため、水軍に各海域の支配権と、船舶から航行料を徴収する権限が与えられ、水軍は海の領主としての地位を確立していく。南北朝時代は、水軍の発展段階のうち、最も重要な時代である。

⑤　近　　世

織田信長が室町幕府を滅亡させた1573年から、徳川家が大政奉還をして江戸時代が終わりを告げる1868年までの約300年間、すなわち、君主が絶対支配権を持った時代を「近世」という。領主は君主から領地の支配を認められたが、君主は、領主の領地を没収し、または領地を他の領地と交換させる等の強大な権限を有した。一方、水軍は、各領主（江戸時代には藩主）の軍の構成員として、海上警備および海運を担当することとなり、封建領主から一定の独立性を保った中世の水軍とは様相を異にすることとなる。

⑥　近　　代

徳川家の大政奉還により明治政府が成立した1868年から、明治・大正時代を経て、昭和戦前期までの約80年間を近代という。近代は、自由平等な個人が、自立して対等な関係を築くことを目指す時代であり、資本主義化、市民社会化に踏み出す時代である。近代においては、軍事力を国家が独占することとなり、各藩に属していた水軍は消滅する。

⑦　現　　代

第二次世界大戦の終了時である1945年から現在までを現代という。水軍は遠い存在となった。

年表１：時代区分年表

古代前期	古代後期	中　世	近　世	近　代	現　代
200年前後〜 古　墳	646年〜 飛鳥・奈良・ 平安	1185年〜 鎌倉・南北 朝・室町	1573年〜 安土桃山・ 江戸	1868年〜 明治・大正・ 昭和戦前	1945年〜 昭和戦後・ 平成・令和
国造・国衙 水軍	各海域水軍 成立	各海域水軍 最大化	各藩内水軍	水軍消滅	

3　「海賊」の用語の二義性と本書における「水軍」の定義

　「海賊」という場合に、船舶や沿岸を襲撃して殺戮もいとわず不法に財産略奪を行う「海上賊徒」を意味する場合と、違法な侵攻への防衛や船舶の警固を行いつつ海運に携わる海上勢力、すなわち「水軍」を意味する場合とがある。

　古代前期には、海賊という用語は史料上見当たらない。古代前期に水軍が成立するが、これは、豪族配下の海上戦隊としての水軍である。この時代の海上戦隊としての水軍の戦士は、平素は農漁業に従事し、一朝事あるごとに招集されて戦闘に駆り出される存在であり、いわば非常勤の戦士である。この時代には、まだ武装した海運業者としての水軍は成立していない。

　古代後期には、国家が国土を独占し、徴税制度を整えたが、大化の改新の詔が宣せられてから100年と経たないうちに、私有地を承認する荘園制度が始まり、これに伴い、荘園領主が租税・年貢である米穀等の物資を安全に海上輸送するための「武装した海運業者」である水軍を必要とすることになる。これが武力、財力を蓄えて強力な組織となったことから、古代後期末の源平合戦では、水軍がその武力をもって源氏方または平氏方の軍勢に加わり、兵士の輸送や海上戦闘における重要な戦力となる。なお、古代後期にも、海賊という用語はほとんど見当たらないが、唯一、『日本三代実録』という史料の中に「海賊」の用語が数多く表れる。これは、貴族から見た「時の権力に背く者」のことであり、後に述べるように、京の貴族から見れば、源頼朝なども「賊」であった（⇨73頁(2)）。

中世に入ると、武装した運送業者である水軍が「海賊」または「海賊衆」と呼ばれるようになり、領主の承認の下に、一定の海域で海上賊徒に対する防衛・警固に当たり、通関銭を取得し、かつ、海運・貿易の業務にも携わる集団となる。通関銭の取得による水軍の収入は、水軍の財力と武力を充実させることとなり、これによって、中世における水軍は、財力と武力が充実し、海の治安維持者として認められる存在となる。

　近世に入ると、絶対君主制の下で、「海賊」ないし「海賊衆」は、独自の海域支配権を持つことを否定され解体されていくが、その主力部隊は海事能力の高さから、各藩の船手組の一員として、あるいは庄屋・浦方改役・浦手役等の村役人として、各藩の支配下に組み込まれて重用される存在となっていく。

　しかし、明治時代になって、その存在は一変する。中央集権国家を成立させた明治政府は、各藩の軍を認めず、各藩に所属していた「海賊」ないし「海賊衆」はすべて解体され、「海賊」の用語は、西欧に倣って、もっぱら「海上賊徒」を意味することとなった。明治時代に行われた「海賊」の概念の変更と、その後の西欧文化の広まりにより、今では大人から子供までが、「海賊」というと，海上賊徒を意味すると受け取る状況にある。

　本書においては、古代後期に成立し、中世に発展を遂げた「武装した海運業者」、すなわち「海賊」ないし「海賊衆」のことを「水軍」と呼び、海において略奪行為を働く賊徒のことは「賊徒」または「海上賊徒」と呼ぶこととする。

　中世および近世の史料においては、上記の「水軍」に相当するのは「海賊」ないし「海賊衆」の用語である。しかし、本書においては、海賊の用語を用いることにより一般の読者に誤った印象を与えることを避ける必要性を優先して、中世に発展した「武装した海運業者」を、海賊とは呼ばず、水軍と呼ぶこととする。「村上水軍」の用語を用い、「村上海賊」と呼ぶのを避けるのは、その趣旨である。なお、江戸時代の軍学書においては、同様に、武装した海運業者を水軍と呼んでいる。

4　事実認定の基本方針

　村上水軍の歴史に関する事実を認定するにあたっては、次の事実に留意しなければならない。

①　原史料の散逸

　村上水軍は、豊臣秀吉の命により本来の本拠地である瀬戸内を退去し、本州または九州に本拠を移した結果、各家に存在した中世の史料が散逸しており、残存する史料は多くない。残された原史料として、『屋代島村上家文書』（⇨103頁①）、『因島村上家文書』（⇨166頁）、『忽那家文書』（⇨37頁(3)）、『大山祇神社文書・三島家文書』（1956年愛媛県指定文化財）などがあり、これらを骨格として事実を認定していく必要があるが、いずれも断片的であり、また、年の記載がないものや、宛先が官途名のみで表示されていて誰に宛てたかの確定が困難なものも少なくない。

　一方、一族が瀬戸内から本州または九州に移転した関係で、村上水軍各家の瀬戸内の菩提寺は、江戸時代の初期または中期に廃寺となり、江戸時代の中期または後期になって、瀬戸内に残された末裔によって再興されたものである。位牌や過去帳もその際に再製されたものが多く、故人の名前や逝去年に誤りが多い（⇨92頁②・107頁②）。近世に建てられた墓碑で、氏名を誤っているものもある（⇨122頁(4)）。なお、中世の墓碑は玉石を積み上げたものであり、氏名や死亡年を記載する慣行はない。

②　信を措ける記録文書と措けない記録文書の区別の必要

　日々の出来事を忠実に記録した中世の史料で、恣意を排し、記録に客観性が認められるものは、史料価値が高い。『満済准后日記』（⇨62頁③）、『東寺百合文書』（⇨92頁③）などがその例である。原史料に基づき、編年体で、事実を忠実に記録した江戸時代作成の史料も、恣意が排されており、史料価値が高い。『木浦村年代記』（⇨134頁(4)）がその例である。江戸時代に、史実を後世に残す目的で、公的な記録として作成された『萩藩閥閲録』（⇨91頁①）や『今治拾遺』（⇨134頁(4)）も信用性が高い。外国人が書いた日本記録で、見聞した事実が記載されている部分は、先入観なく記載されていて信用性がある（⇨63頁④⑤）。戦後に作成された書籍である『三島大祝家譜』

（⇨17頁(1)）も、原史料の三島宮関係部分を忠実に抽出して収録しており、有用な参考資料である。一方、15世紀に編纂された河野家の家譜である『予章記』（⇨21頁⑥・93頁⑤）や江戸時代に作成された河野家の歴史書である『予陽河野盛衰記』（⇨19頁②）は、史実が豊富に記載されていて貴重であるが、講談本と同様に、名調子であるがゆえに創作部分も多く、年代や人物名を慎重に補正する必要がある。戦後に作成された書籍である市町村史は、史料に基づいた記載がされており、有用な参考資料であるが、村上水軍関係の記載についていうと、参照した史料の信用性の吟味が十分でなく、人物や年代の記載に信を措けない部分が少なくない。瀬戸内紀行その他の紀行文の類は、伝聞や先行書籍の引き写しが多く、信用性が低い。

③　家系図の不正確さ

　村上水軍3家の家系図は、その菩提寺や各家に多数残存しているが、これは主に江戸時代に作成されたものであり、瀬戸内を去った祖先を思い、あるいは自らの家柄の正当性を裏付ける目的で作成されたものであって、記載漏れや事実に反する記載が極めて多く、どの家系図も、ごく一部を事実の認定の補助として使うことができるにとどまる。

④　史料中の人物特定の困難

　わずかに残る史料においても、月日の記載はあるが、年の記載がないものがほとんどであり、しかも、そこに記載された人物が誰であるかを特定するには困難が伴う。我が国に戸籍制度が創設されたのは、戸籍法（明治4年太政官布告第170号）の施行によってであり、それ以前には戸籍がなく、史料中の人物名が誰のことを指すのかの特定に困難を伴う。武将には幼名があり、長じるに従って複数の幼名を持つことも少なくない。由緒のある家柄においては、家督相続により祖先と同一名を名乗ることもしばしばである。嫡流能島村上家の当主は、江戸時代には、家督相続の後は代々「喜左衛門」を名乗ってきた。この慣行は、現在では、歌舞伎界や陶工・刀鍛冶などの家に見られるのみである。

　高位の武将には官途が与えられ、功績に伴って上位の官途を付与され、祖先と同一官途名を名乗る場合も少なくない。史料においては、単に官途名だけが表示されるため、史料中の人物名を見ただけでは、それが誰を意味する

のかが不明である。因島村上家の官途名は、3代当主吉充・5代当主尚吉・6代当主吉充とも新蔵人であるにもかかわらず、新蔵人に宛てた下 文が6代当主吉充に宛てたものであると断定して論述し、その結果、著名な歴史家が人物の認定を誤解し、歴史上の事実認定を誤っている例もある（⇒161頁②）。

⑤　年代が確定できる事実との対比による検証の必要

　天皇・皇太子や将軍に関する事項については年代が確定できる豊富な史料があり、また、その在位年や死亡年についても確定事実として扱うことができる。承久の乱（1221年）、弘安の役（1281年）、厳島合戦（1555年）など、起こった年を多数の史料で確認できる事実も、確定事実として扱うことができる。史料上の人物を特定する場合に、これらの明白な事実と各人物の生存年を対比して人物を特定することが必要であり、その作業は事実認定の際に不可決である。この作業により、ある人物の行動として解説されてきたことが、実は、人物を取り違えた記述であったことが明らかになることもある（⇒93頁⑤）。

⑥　口頭伝承の重要性と補正の必要

　古代史を記録した史料は、口頭伝承を後世において文書化したものであることが少なくない。我が国を含む海洋民族は、伝統的に文字を有しなかったものであり、口頭伝承の能力が高く、口頭伝承の内容が真実であることは少なくない。先住民族であるアイヌ民族は近世まで文字を持たず、1000年以上にわたり祖先の教えを口頭で伝承してきた。しかし、口頭伝承は、伝説化・物語化する過程で、起こった時期や人物名が不正確となり、人物を取り違えて言い伝えられていることも少なくない。

　そのような制約があり、補正の必要性はあるものの、口頭で伝承された事実自体を否定することは誤りである。裏付文書がないとして、事実の存在自体を否定する論調は、欧米文化移入時であった戦前および戦後の一時期に盛んになったが、これは機械的唯物論の歴史分野への反映であり、正当でない。ただし、口頭伝承を基礎とする史料については、口頭伝承特有の不正確さに留意して慎重な補正をする必要がある。

　以上のような認識を持ちながら事実を認定していくことが必要となる。

第 1 章

村上水軍成立前史

I

村上水軍の里へのいざない

　今治というと、多くの日本人が思いつくのは今治タオルとご当地キャラクターのバリィさんであろう。その今治（愛媛県今治市）に日本最大の海事クラスター（海事産業群）があることをどれだけの方がご存知だろうか。

　ここ今治には、海運業、造船業、船用工業、その他の海事関連産業が集積している。今治から尾道まで瀬戸内芸予諸島東部の島々を縫って貫く瀬戸大橋高速線しまなみ海道を走ると、波止浜湾沿岸部の今治造船に始まり、通過する島々の各所に造船所のクレーンが林立するのに目を奪われる。これら波止浜湾沿岸部と大島、伯方島、大三島等の島々が海事産業群を構成する（⇨14頁地図１）。これらの地域は、いずれも中世に能島村上・来島村上・因島村上の３島村上水軍の居城があった場所である。瀬戸内海には大小合わせて約3000の島々があり（周囲0.1キロメートル以上の島は727）、その７割近くが今治海域を含む芸予海域内にある。

　今治の人口は約16万5000人（2017年）であり、これは東京都新宿区の人口の半分である。日本の保有外航船舶の30％がここで保有されており、日本で建造される船舶の17％がここで建造されている。今治に本社や拠点を置いている造船会社のグループ全体では、日本全体の30％を超える船舶を建造している。世界に目を転じると、北欧、香港、ピレウス（ギリシャ）と並んで、今治は、世界４大船主都市の一つである。世界４大船主都市には海運業者が集積するが、ここ今治には海運業のほか、造船業およびこれに関連する電子機器製造業、保険業、法律事務所など、多数の海事関係事業が集積している。海運・造船その他の海事関係事業が結び付いた総合的海事都市は、今治のほかには世界に例がない[1]。

　四国の中でも５番目の人口しか有しない瀬戸内海の小都市に、なぜこれだけの海事産業が集積しているのか。その回答として常に示されるのは、村上水軍の存在である。実際、海事産業に従事する多くの方々が村上水軍の末裔

---

[1]　今治市商工振興課海事都市推進室「日本最大の海事都市今治とは」（今治市ウェブサイト・https://www.city.imabari.ehime.jp/kaiji/about/）。

写真１：伯方島船主の外航船舶

であることを自認し、今治の地元では村上水軍の末裔がこれを支えていると信じられている。しかし、そこに一つの大きな疑問が生じる。

　日本最大といわれる能島村上水軍が活躍したのは中世後期のことであり、豊臣秀吉の海賊禁止令により、江戸時代を目前にして能島村上水軍は瀬戸内から退去し、因島村上水軍も同様に瀬戸内を退去し、来島村上水軍も関ケ原で西軍として戦ったために、敗戦により瀬戸内から退去することとなった。その後、今治海域ないしその島嶼部に村上水軍が存在したという史料・文献は現存しない。このことをどう説明するのかである。既存の史料と文献によれば、村上水軍が近世初頭に瀬戸内から退去したあと、江戸時代の空白を経て、明治になって今治海域に海事クラスターが成立し、これに卒然と村上水軍の末裔が関与しているかのように見えるが、そんなことがありうるのかという疑問である。

　近世初頭に瀬戸内から忽然と姿を消した村上水軍が、果たして世界に名立たる今治海事クラスターにどう繋がっていくのか。この疑問を解明すべく、

地図1：村上水軍の島々

　郷里にほど近い今治海域の島々をたびたび訪れ、史料・記録に表れない江戸
時代の村上水軍の存在等について、4年余にわたり聞き取り調査を行ってき
た。

　私が関与した国際海運会社の民事再生事件で、債務者の再生を図る中核と
なってくれた債権者団が主に伯方島（今治市伯方町所在）の海運会社であっ
たことから、まずは定点を伯方島と定め、主として伯方島からこの謎を追っ
た。

　その後、私は、3島村上水軍（⇨103頁）の一翼を担う因島村上水軍の当
主との知己を得て、因島村上水軍の研究にも携わることとなり、しまなみ海

道の北端、尾道市に属する因島や因島村上水軍の支配地であった向島にもしばしば足を運ぶこととなった。因島海域は尾道海域の一角をなしており、造船業が盛んであるが、独自の海事クラスターの形成まではされておらず、今治海域との相違を見せている。

こうして村上水軍研究を行う過程で、村上水軍の哲学に触れることができた。村上水軍各家には、経営の技量に卓抜している方が多く、各家とも、多数の企業経営者を輩出している。そこには、1000年を超える歴史の中で鍛造された経営哲学がある。それは、歴史に裏打ちされた「試練を乗り切る哲学」であり、村上家末裔の方々にのみ語り継がれている一家相伝の哲学である。村上水軍の兵法は、江戸時代に軍学者が兵法書として文書化したために、日露戦争の海戦で使われるなどして、広く知られている。これに対して村上水軍の経営哲学は、一族から一族に引き継がれる口頭伝承であり、文書化されていないため、世に知られていない。しかし、長期にわたり停滞している我が国の経済にとって、長い歴史の中で鍛造されてきた村上水軍の経営哲学は注目に値する。村上水軍経営哲学に関する最終章についても、ぜひお付き合いいただきたい。

コラム1	馬を射る

2017年秋、本書の基礎となった拙稿「今治海事クラスターにみる村上水軍の系譜」を金融法務事情誌に掲載させていただいた（2078号6頁、2079号19頁）。金融にも法務にも関係のない論文を伝統ある同誌に載せていただくことが容易でないことは、平素常識人といわれている私の承知するところで、掲載のご了解を得ることは困難だろうと予想していた。それゆえ、3歩下がって、まず前編集長にお願いするところから始めた。杜甫の教え「将を射んとせば先ず馬を射よ」に従ったものである。前編集長はこの申出を温かく受け止めてくれ、「小誌が幅広い読者を獲得する存在になっていくことは、むしろ歓迎するところです」と励ましの言葉をいただいた。リーダーにふさわしい器量である。

これに勇気百倍、次いで、現編集長にお願いしたところ、前編集長に輪を

掛けて歓迎してくれた。それどころか、「11月には巻頭論文用スペースが空きます」という情報までいただいた。このご親切に一挙に使命感に駆られ、瀬戸内での調査の末日に罹患した肺炎の高熱を抗生物質の飲み薬で押さえつつ、わずかな余暇も駆使して原稿作成に勤しみ、初秋に第1次原稿を提出した。

　ところが……。原稿を提出するや、「文献データベースで調べたこの論文との関係はどうか」「この箇所に文献の引用がない」などの矢継ぎ早のご指摘を受け、いずれも「ごもっとも！」と思い、肺炎の予後の身を押して努力したが、追加調査は難航に難航を重ねた。そして遂に、関船の船首に構える嫡流能島村上家当主（⇨147頁(3)）が夢枕に立って脱稿を急かすようになり、追い込まれる気持ちになって、そこで悟った。馬上にどんな将がいるかも考えずに矢鱈と馬なんぞ射るものではない、と。

　格言を一つ：「馬を射んとせば先ず将を見よ」（杜甫補）。

Ⅱ

古 代 前 期

1　大和王権と豪族

　大和王権は、200年前後から、王権に服さない「辺境の地」の平定を進めたが、古代前期においては、各地は豪族の支配下にあり、豪族が支配する領地の範囲を画するのが「国」であった。したがって、各豪族の支配領域ごとに国が存在しており、古代後期以降の単一国家としての国とは範囲を異にしていた。このような各国の存在の中で、大和王権は最有力な豪族であり、各国の豪族との連合により政権を維持する存在であった。国には長として国造が置かれたが、連合国家の性質上、国造は各豪族において代々世襲されるものであった。

2　伊予地方における大和王権と小千国

⑴　小千国と小千命

　古代国家と豪族が支配する各国との関係について、瀬戸内の伊予地方について見てみることとする。小千国は、伊予の豪族である小千氏（乎致氏）の初代である小千命（乎致命）が立てたものであり、小千氏は小千国の初代国造に任じられた（『三島大祝家譜』資料1頁）。小千命は「乎致の御子」から出たものであり、「乎致」は遠地（遠方に至る）から出たものとされている。

　小千命とその一族は高縄半島高浜（現今治市高浜町）付近に居住しており、小千命は、大三島の三島宮（現今治市大三島町宮浦所在大山祇神社）の神託を核にして支配を進めていく。

　三島宮は、瀬戸の島にあることから御嶋宮と呼ばれたことに発する神社名であり、小千命が三島宮から受けた神託は、大祝文と呼ばれることとなった[2]。三島宮は、天皇家と深い結び付きがあり、各地の権力者からも崇拝される存在であり、三島宮の記録によれば、天皇家は瀬戸内を船で渡って、し

2　大山祇神社『大山祇神社略誌』（大山祇神社、1997年）17頁、『松岡水軍史』117頁。

ばしば三島宮に参内している。古代後期である661年、斉明天皇は中大兄皇子と共に三島宮に社参し、ほどなく中大兄皇子は天智天皇となっている。758年には、孝謙天皇が三島宮に詣でて神器である八咫鏡を奉納しており、1063年、源氏の源頼義が伊予国司に任じられた際に三島宮に詣でて太刀1口と馬1頭を奉納している。中世になって、源頼朝や源義経が共にこの神社に詣でて太刀を奉納しており、弁慶も長刀を奉納しており、それらは今も大山祇神社に展示されている。

(2) 小千命の国造任命年に関する3説の存在

小千命が国造に任命された年について、3説がある。

① 第1説（紀元前150年ごろ）

第1説は、小千命について、第7代天皇である孝霊天皇（在位紀元前290〜220年ごろ在位）の第3皇子である彦狭嶋尊の第3皇子であるとする（『予章記』、『予陽河野盛衰記』、『三島大祝家譜』資料2頁）。この説によれば、小千命が国造に任命されたのは、紀元前150年ごろのこととなる。

② 第2説（100年ごろ）

第2説は、小千命は第12代景行天皇（在位71〜130年）により任命されたとする。この説は、『新撰姓氏録』の記載に基づくものである[3]。この説によれば、小千命が国造に任じられたのは100年ごろのこととなる。『新撰姓氏録』とは、嵯峨天皇の命により、815年に編纂されて朝廷に提出された各豪族の来歴書であり、編纂者は、伊予部連馬嗣である。小千氏の出自については、この書の越智直の項に記載がある。越智直は、越智玉興（⇨21頁(5)）のことである。

③ 第3説（300年ごろ）

第3説は、第15代応神天皇（在位270〜310年ごろ）に任じられたとするものである。この説は、『国造本紀』の記載に基づくものである[4]。この説によれば、小千命が国造に任じられたのは300年ごろのことになる。『国造本紀』は、平安時代初期に成立したといわれているが、編者は不明である。

3　町田重太郎「伊予に於ける上古の地方長官に就て」伊予史談1号（1915年）31頁。
4　白石成二「古代伊予国の越智氏（上）」伊予史談253号（1984年）10頁、景浦勉『河野氏の研究』（伊予史料集成刊行会、1991年）6頁。

⑶　3説の検討

　小千命の任命年に関する3説のうち、第1説は、大和王権の発展段階に合致しない。第3説は、『国造本紀』に記載があるものだけに、多数説となっているが、他の事象との関係（⇨後記⑷）で、時代が下りすぎるきらいがある。『国造本紀』の小千国初代に関する記載については、疑問を呈する意見が示されている[5]。

　一方、第2説は、編纂の経緯も編纂者も明らかな『新撰姓氏録』の記載に基づくものであり、史料の信頼性は高い。この当時は口頭伝承が主たる情報源の時代であり、小千命が国造に任じられた正確な年代の確定は困難であるが、小千氏と水軍に関して史料に表れるいくつかの事象（⇨後記⑷）に照らし、小千命が国造に任じられたのは100年ごろとする第2説を相当と考える。

⑷　小千国と水軍

　小千国が成立した当時、大和王権は各地に多数の反対勢力を抱えており、小千命は、水軍力をもって大和王権の統治に貢献したと考えられる。この当時は、戦闘が常時想定されるわけではないこと、律令制下の防人が武器を自前で用意する存在であったこと（⇨33頁⑷）を考えると、古代期の水軍戦士は、平素は農漁業に従事しており、事あるごとに招集されて、水主（かこ）として操船し、兵士として武力を行使する存在であったと考えられる。非常勤の兵士である。

　古代前期の小千国において水軍が活動していたことを表す出来事として、次のようなことがある。

①　小千命

　小千命は、海上戦隊としての水軍を擁しており、大祝文を受けて土佐における大和王権に対する謀反を平定したとの記録がある（『松岡水軍史』88頁（三島宮社記を引用））。

②　小千天狭貫

　小千氏第2代当主である小千天狭貫（あまさつらぬ）は、82年（景行天皇12年）に天皇の熊襲（くまそ）（南九州の反王権勢力）の親征に供奉したとの記録がある（『予陽河野盛衰

5　白石成二・前掲注4・11頁は、国造本紀の記載について、系譜が造作された可能性もあり問題があるとする。景浦勉・前掲注4・65頁も疑問を呈する。

記』、『松岡水軍史』88頁)。

③　小千三並

　小千氏第5代当主である小千三並は、192年（仲哀天皇壬申年）、異邦人（海外賊徒）である塵輪が長門国豊浦（現下関市豊浦町）を侵し、瀬戸内海の危機が伝えられると、水軍を率いて伊予風早浦を発船し、その途上、三島宮で宣託を受け、討伐に向かったとの記録がある（三島宮社記）。この記録によれば、2世紀後半に大和王権と目される権力が成立していたこと、海外の賊徒が瀬戸内海入口あたりまで侵入してきたこと、国造の水軍がこれを迎え撃ったこととなる（『予陽河野盛衰記』、『松岡水軍史』90頁)。

④　小千躬尺

　197年には熊襲が騒乱を起こし、小千氏当主小千三並の子である武将小千躬尺が水軍を率いて征伐に出征している（『予陽河野盛衰記』、『松岡水軍史』90・858頁)。『予陽河野盛衰記』によれば、熊襲が強いのは、その背後に朝鮮半島の支援があるからとされている。朝鮮の支援があったかどうかは真偽不明であるが、200年ごろには大和王権の支配に服していない勢力が少なくなかった事実は見て取れる。

⑤　小千門命

　537年、新羅が日本府のある任那を侵寇したとの報を受け、大和王権は大伴狭手彦に対して任那の救援を命じたが、その際に、武将小千門命は小千水軍を率いて任那に出征している（⇨22頁(1)）。

⑥　小千益躬

　572年には、鉄人と呼ばれる大将の率いる朝鮮等からの異賊が瀬戸内海に進み、播磨国明石浦（現兵庫県明石市）まで侵入した。海外賊徒が関門海峡を越えて瀬戸内海に深く入り、明石浦に達するというのは穏やかではないが、当時は緊急事態を知らせる烽の設置（⇨33頁(5)）もなく、陸路の整備もない状況であったことを考えると、海外賊徒がそこまで侵入することも、あながち不思議なことではない。その討伐の勅命を受けた小千氏15代当主小千益躬は、海上戦隊としての水軍を従えて出陣し、これを播磨国大倉谷に追い込み、誅伐した[6]。このとき、鉄人と呼ばれた敵将は、身に鉄を纏い、切っても突いても徹らぬといわれ、小千益躬は策戦に苦慮したと記録されて

いる。小千氏の水軍がまだ見たことのない鉄製の甲冑を着けていたのであろう。この時期に外国の賊徒が瀬戸内海や近畿に侵入し、それを国造の海上戦隊としての水軍が討伐したことを示す記録である。翌573年にも、小千益躬は、異国の賊を迎え撃ったとされている（『松岡水軍史』858頁）。

⑦　小千守興

630年ごろに国造に任じられた小千益躬の子である小千守興（もりおき）は、639年、小千水軍を率いて幸徳天皇の行幸に供奉（ぐぶ）し、その功績により、より高い地位である宿祢（すくね）を称することを許され、小千氏はますます権勢を誇った（『松岡水軍史』104頁（三島宮社記を引用））。

⑸　小千国と小千氏のその後

小千氏は代々国造を承継し、小千国およびその海域を支配し、海上戦隊としての水軍を擁していた。小千氏が支配する小千国は、646年の大化の改新の詔に基づく国郡制により、691年に「越智郡（おちのこほり）」として画定されるまで存続した。691年には、郡に郡司が置かれ、その長官として郡大領が置かれ、小千国の国造であった小千玉興（たまおき）は越智郡初代郡大領（だいりょう）に任じられた。小千氏は、越智郡の成立を機に、越智氏と改められた[7]。以後、小千氏は越智氏と名乗ることとなる（⇨25頁⑶）。

小千氏が越智氏に改名するまでの古代前期の小千氏の系図[8]を掲げる。

・・・

系図1：古代前期の小千氏系図

小千命（おちのみこと）（100年ごろ国造（くにのみやつこ）初代）―**天狭貫**（あまさつらな）―**天狭介**（あまさのすけ）―**栗鹿**―**三並**（みなみ）―**熊武**―**伊但馬**―**喜多守**―**高縄**―**高箕**―**勝海**―**久米丸**―**百里**―**百男**―**益躬**（ますみ）―**守興**（もりおき）―**越智玉興**（たまおき）（691年越智に改姓、初代郡大領（だいりょう））

・・・

6　『予章記』、『三島大祝家譜』資料48頁。

7　町田重太郎・前掲注3・24頁、『三島大祝家譜』資料20頁。

8　『三島大祝家譜』資料附録9頁以下の「河野系図中乎致宿祢系図」「越智分派系図」「三島大祝系統表」に基づいて作成。

3　古代前期における海外との交接

(1)　任那日本府の設置と新羅との交接

　古代前期の後半に入ると、海外との交接が密になり、日本書紀によれば、6世紀に朝鮮半島に任那日本府が設けられたとされている。任那は一国ではなく、複数の小国の総称である。大宰府の記録によれば、537年（宣化2年）、新羅が日本府のある任那を侵寇したとの報を受け、大和王権は、配下の伴造の豪族武将である大伴狭手彦に任那の救援を命じている。当時の大和王権には、その配下に伴造があり、これが海上戦隊としての水軍を擁していた。この年、小千門命は小千水軍を率いて大伴狭手彦に従い、任那に出征した（『大宰府年表』2頁、『松岡水軍史』95頁）。小千門命は小千水軍の指揮官であり、大伴狭手彦は大和王権配下の伴造たる豪族であり、いずれも海上戦隊としての水軍を伴っている。

　また、554年には、百済が筑紫に武将を派遣した上、大和王権に対し、新羅からの攻撃に備えて援軍を出すことを要請し、大和王権は、これを受けて、援軍として1000人、馬100匹、船40隻を派遣すると返報している（『大宰府年表』2頁）。

　日本府が置かれた任那は、562年ごろ新羅から攻撃を受けて滅亡し、572年、大和王権は、坂田耳子郎を新羅に派遣して、任那滅亡のことを問いただしている（『大宰府年表』7頁）。582年には、大和王権は、任那復興を計画し、百済に派遣している火葦北国（現熊本県葦北郡）の国造である日羅を召喚するため、紀国の国造である押勝を派遣した。しかし、百済王が日羅を惜しんで手放さないとの報告を受け、押勝に代えて吉備海部を派遣し、連れ帰ったとされている（『大宰府年表』3頁）。

　続く602年、新羅との戦いもやむなしと考えた大和王権は、新羅討伐のための「撃新羅将軍」に来米皇子（聖徳太子の弟）を任命し、その下に神部・伴造・国造の軍衆（水軍）2万5000人を授けている（『大宰府年表』3頁）。

　このような新羅および百済との交接の中、645年の大化の改新および翌646年に改新の詔が宣せられ、続いて古代後期の白村江の戦い（⇨28頁）へと進展していく。

⑵　隋および唐との交接

　592年に飛鳥を都と定めた大和王権は、589年に中国を統一した隋に向けて、600年から610年までに4回の遣隋使派遣を行っている。しかし、隋は618年に滅び、これに代わって、628年、唐が中国を統一した。これに対して大和王権は、630年、唐に第1次の遣唐使を派遣し、以後、遣唐使の派遣を継続した（『大宰府年表』4頁）（⇨29頁⑶）。

⑶　**海外からの賊徒の侵攻**

　古代前期には、大和王権は、国内の平定に腐心するとともに、瀬戸内海に侵攻する海外からの賊徒にも危機を感じる状況にあった。早い段階での記録としては、大和王権が最有力豪族の地位を占める時期である192年、海外賊徒である塵輪が長門国豊浦に侵入する事態となり、小千三並は、水軍を率いて風早浦を発船し、その途上、三島宮で宣託を受け、これを討伐したとされている（⇨20頁③）。

　古代前期も後半となる572年には、鉄人と呼ばれる大将の率いる朝鮮等からの異賊が瀬戸内海に進み、播磨国明石浦（現兵庫県明石市）まで侵入し、その討伐の勅命を受けた小千氏当主で国造である小千益躬は、小千水軍を率いてその討伐に出陣したとされている。翌573年にも、小千益躬は、異国の賊を迎え撃ったとされている（⇨20頁⑥）。

　これらの状況からすると、古代後期の海外賊徒の侵入に先立ち、古代前期にも海外賊徒が我が国を侵すおそれが生じていたものといえる。

Ⅲ

古　代　後　期

1　律令制に基づく中央集権国家体制の構築

⑴　改新の詔による律令制の宣言

　大和王権は、645年に大化の改新を断行し、従来の豪族支配を脱して中央集権国家を構築する変革に着手し、646年に大化の改新の詔を発して、律令制をとることを宣した。律は刑事法、令は刑事法以外の法である。この詔に基づき中央集権国家体制を構築するには、その後相当の時日を要し、律令の集大成である大宝律令が完成したのは701年のことである。

　古代の最も重要な法典である大宝律令は、文書化された史料が現存しない。しかし、史料が現存している養老律令および当該律令改定のための検討事項に関する史料に基づき、現在においては、大宝律令の内容は、ほぼ確定されている[9]。

　大宝律令は、当時の国家体制に関する基本法典であり、大宝律令で規定された国家体制は、その後、我が国の基本構造として、国郡制、官職の名称および内容、国防体制、非常時通信体制等において、現代に至るまで引き継がれている。大宝律令においては、特に、軍事力・武力の整備に関する定め（軍防令中の軍団条・備戒具条など）が重要部分を占めた。

⑵　国造の廃止と国司の創設

　国家体制につき国郡制をとることとした大和朝廷は、646年、大化の改新の詔において、従来の国造の制を廃し、新たに国司を設けることを宣した。これにより、国造が統治してきた「国」を「郡」（こほり）に改め、国造を郡大領（だいりょう）（郡司の長官）に任命し、郡の上に、新たに10郡前後を統括する「国」を設けて統治することとした。新たに画定した国の政務は、当該地方の政務に通じ

9　瀧川政次郎『律令の研究』（刀江書院、1931年）163頁、五十嵐基善「律令制下における軍隊編成に関する基礎的考察」日本古代学5号（2013年）17頁、高橋典幸ほか『日本軍事史』（吉川弘文館、2006年）22頁、松本政春『律令兵制史の研究』（清水堂出版、2002年）11頁。

ている郡大領が行うこととなった。国造制から国郡制への移行は、年数をかけて順次行われ、701年制定の大宝律令により完成を見た。

国には国司を置き、国司を置く地は国府と定められ、国司を置く役所は国衙と呼ばれた。国司には、その長官として守を置き、第2順位以下の官職者として、介、掾、大目、目を置いた。国守は朝廷から派遣したが、第2順位以下の官職者には豪族の一族を任命するのが通例であった。郡には郡司が置かれ、その長官として郡大領、少領、主政、主帳の4官が置かれた。ただし、少郡には、少領および主政の2官のみ置かれた。郡司の諸官職には、豪族の一族が代々任じられた[10]。

国衙には船所が設けられ、ここに舵取（船頭）を所属させ、水主と船舶を徴発した。船所は海上での警固の業務を所管し、海上警固が必要な場所である対馬・壱岐・周防・安芸・伊予・紀伊などに置かれた（『水軍誌』8頁）。船所には、海上警固を担当する水軍が組織され、平素は農漁業に従事している水主が必要に応じて招集された。非常勤の兵士である。

(3) 伊予に見る国司制度の展開

国司制度の実際の運用を、伊予国において見てみることとする。

645年、大化の改新により国造の制度が廃され、新たに国郡制が採用されることとなり、この大方針が646年の大化の改新の詔により宣せられた。これに基づき、従来の国は郡と改められ、その上に、新たに10郡前後を統括する「国」が設けられることとなり、伊予においては、従来、国造の支配地ごとに存在した国を「郡」と改め、郡の上に新たに伊予の地全体を統治する伊予国を設けることとし、その態勢が整った691年、伊予国が画定され、従来の「小千国」は、「越智郡」と称されることとなった。これを機に、小千氏は「越智氏」と改姓した。

こうして、伊予国の範囲が画定されるに先立ち、690年に朝廷から伊予に派遣された田中朝臣法麿が伊予総領に任じられて新体制の整備に当たり、691年、同人が伊予国司の長官である国守に任じられた。それまで国造であった小千玉興は、越智郡の郡大領（郡長官）に任命され、越智玉興を名

10　白石成二「律令体制下の伊予（上）」伊予史談247号（1982年）3頁。

乗った。ただし、この体制変更があった後も、伊予国の国司の実質的な政務は、伊予国の中心である越智郡の郡大領である越智玉興が執った。また、伊予国の中心的な郡である越智郡には、大領、少領、主政、主帳の4官が置かれたが、小規模郡には、少領・主政の2官のみが置かれ、中規模郡には大領、少領、主政の3官が置かれるにとどまった。大宝律令が制定された701年には、越智玉興の子である越智玉澄（玉純ともいう）が伊予国越智郡および伊予国宇摩郡（旧怒麻国造支配地）の2郡の郡大領に任じられ、両郡の政務を執った[11]。

　従来、国造は、神託に基づいて政務を行っており、小千氏（691年以降は越智氏）も、小千命が国造に任じられて以降、三島宮の神託に基づいて政務を行ってきたものであり、この体制は、大化の改新の詔により国郡制が施行されてからも変わりがなかった（⇨29頁(2)）。しかし、707年になって、「神事世事両分」の勅命が下り、越智玉澄が郡大領を下りて、その嫡男である越智益男が新たな郡大領に任ぜられるとともに、玉澄の二男である越智安元が三島宮初代大祝に任じられ、以後、越智益男は郡の政務のみを行い、神事は大祝である越智安元が行うこととなった（『予章記』、『三島大祝家譜』資料94頁、『松岡水軍史』115頁）。これによって、政務を行う者が神事も一手に握る体制が終焉を告げた。

　伊予国の国守は、691年に任命された田中朝臣法麿の後も、継続して朝廷から派遣されており、930年ごろには藤原氏の藤原元名が国守に任命され、936年には紀氏の紀淑人が国守に任命され、1063年には源氏の源頼義が国守に任命された。この間、越智氏は国守に従い、越智氏の越智時任が1082年伊予国司の大目に任じられ、1118年には越智貞吉が伊予国司の掾に任じられる等の官位を得ている（『三島大祝家譜』年表3頁）。933年に伊予国守の下で掾に任じられ、後に藤原純友の乱を起こした藤原純友も越智氏一族である（⇨73頁(3)）。しかし、1164年には平清盛が伊予国の知行国守となり、1167年に平清盛が太政大臣に任命されて平氏が国政を支配するようになると、平氏の瀬戸内支配が顕著となり、瀬戸内海を取り囲む備前・讃岐・播磨・安芸・

11　白石成二・前掲注10・22頁、『予章記』、『三島大祝家譜』資料94頁。

伊予・肥後の国は、いずれも平氏が国司に任命され、伊予国守には平惟盛が任じられた[12]。平惟盛は、河野水軍の河野通信および三島大祝家越智安時と対立することとなり、1180年には、平氏方の国司目代（目は国司の第4官職）と河野水軍・河野通信との間で激しい戦いが演じられ、1185年の壇ノ浦の戦いを迎えることとなる（『松岡水軍史』191頁）。

(4) 河野水軍の成立

　神事世事両分の命により、707年に越智玉澄の嫡男である益男が郡大領となり、二男である安元が三島宮大祝となったことから、この年に郡大領の地位を退いた越智玉澄は、701年の大宝律令の完成により租庸調の徴収体制が確立する一方、723年の三世一身法の制定以降の荘園制度の進展（⇒34頁）により瀬戸内海の海運が活発化し始めた機をとらえて、武装した海運業者としての水軍を興した。これが河野水軍である。その成立時期を明示する史料はないが、租庸調の徴収体制の整備の時期、伊予地方における荘園制度の進展による瀬戸内海の海運需要増大の時期、大化の改新後の大改革による政情の不安により国衙や荘園の船荷が反国司勢力等に奪取されるおそれが強くなった時期（⇒35頁④）等から見て、奈良時代（710〜794年）に入った後で、荘園制度開始直後の730年ごろであると考えられる。小千氏（越智氏）は国造当時から水軍を擁しており、これを武装した海運業者に仕立てるのは容易であったと考えられる。越智玉澄は、伊予国風早郡（当時は風速国、現愛媛県北条市）の河野郷に居を構えて河野水軍を興し、政務と神事は嫡男と二男に委ねることとなった（『予章記』、『三島大祝家譜』資料20頁）。

　『予章記』においては、越智親経が河野水軍初代とする記述もあるが、これは親経が「河野姓を名乗った誉れ高い初代」との趣旨であり、河野水軍を立てたのは越智玉澄であることを否定するものではない。また、越智同族問答[13]は、河野郷に住した初代は越智親経であり、越智親経が河野氏初代であるとするが、これも同趣旨と考えられる。これを文字どおりに解して、越智親経が河野水軍を立てたとすると、河野水軍が成立したのは1100年ごろとなり、1070年ごろに成立した村上水軍（⇒86頁②）より河野水軍の成立が遅い

12　山内譲「伊予の知行国守平清盛について」伊予史談241号（1981年）3頁。
13　『三島大祝家譜』資料3頁に掲載。

ことになり、辻褄が合わない。

　河野水軍成立の国政上、経済上の背景事情については、後に詳述する（⇨34頁(1)）。

系図２：河野水軍成立までの越智家系図

664年	691年	701年	707年	730年ごろ
小千玉興……	**越智玉興**──	**越智玉澄**──	**越智益男**	
（国造）	（初代郡大領）	（２代郡大領）	（３代郡大領）	
			越智安元	
			（初代大祝）	
				越智玉澄
				（初代河野水軍）

2　白村江の戦いでの敗戦とその後の海外国家との交接

(1)　白村江の戦いでの敗戦

　中央集権国家を構築する途上であった660年代初め、朝鮮において白村江<ruby>（はくすきのえ）</ruby>の戦いが起こり、次に述べるように、大和朝廷軍は惨敗して朝鮮半島から撤退することとなった。

　大化の改新の詔が発せられた当時、中国大陸においては、隋が滅亡して唐の治世（618〜907年）となっており、一方、朝鮮半島では、百済と高句麗が手を結んで新羅と対峙し、互いに唐と手を結ぼうとしていた。その中で、唐と同盟を結ぶことに成功した新羅は、百済・高句麗を攻め、百済は660年に滅亡した。大和朝廷は、滅亡に追い込まれた百済から支援の要請を受け、百済救済のために軍隊を派遣したが、663年、白村江の戦いにおいて唐・新羅連合軍に惨敗し、朝鮮半島から撤退した。続いて高句麗が唐の攻撃を受けて668年に滅亡したため、大和朝廷は、唐からの攻撃を予想して、国土防衛体制の整備に大きな力を割くこととなった。701年に完成を見た大宝律令が軍防態勢の整備を主要な内容とすることは、その表れである。

(2) 白村江の戦いへの水軍の関与

　白村江の戦いにおいては、各地の豪族が軍を出したが、海外での戦いであるため、水軍が軍の中心であった。小千国の国造であった小千守興は、661年、大和朝廷の命を受けて、国造の戦隊である小千水軍を率いて、百済国救軍戦に従軍した。しかし、大和朝廷軍は663年に大敗し、守興は、唐兵の捕虜となり唐国に連行され、翌664年になって釈放されて日本に戻ることが許され、小千国に帰還した。守興は、その年、嫡子である小千玉興に国造を譲って政務を退いている[14]。白村江の戦いでの敗戦は、伊予国にとっても、小千氏にとっても、重大な出来事であったといえる。また、白村江の戦いで、小千守興と同様に捕虜となって唐に連行された讃岐の錦部刀良、陸奥の壬生五百足、筑紫の許勢部形見らは、707年になって第8次遣唐使と共に帰朝している（『大宰府年表』21頁）。いずれも国造の水軍を率い、海を渡って白村江の戦いに参戦したものである。この当時、国造の制に代えて国司の制が設けられることが宣せられていたが、国司の制度は、その後順次整備されたものであり、白村江の戦い当時には、旧国造の制が広く行われていたものといえる（⇨26頁(3)）。

(3) 唐との交接

　大和王権は、白村江の戦いの30年前となる630年に第1次遣唐使を派遣し、その後、653年に第2次遣唐使を、654年に第3次遣唐使を、659年に第4次遣唐使を派遣した後に、白村江の戦いを迎えている。しかし、663年の白村江の戦いにおいて敵味方となった唐との関係が、その後も悪化を続けたかというと、そうではない。大和朝廷は、白村江の戦いの後も、翌664年5月、対馬から筑紫に入った唐からの使節を受け入れ、大宰府においてこれを饗応し、その翌年である665年7月にも、唐からの劉徳高以下254人の使節が対馬から筑紫に渡るのを受け入れ、饗応して12月に帰国の途に就かせている（『大宰府年表』7・8頁）。大和朝廷は、665年には第5次遣唐使を派遣し、907年に唐が滅亡するまで、合計15回以上にわたって遣唐使を派遣しており、唐との間で円滑な外交関係を維持することに努めてきた。このような関

14　白石成二「古代伊予国の越智氏（上）」伊予史談253号（1984年）10頁、『三島大祝家譜』年表1頁。

係の中で、白村江の戦いで捕虜となり唐に連行された小千守興は、前記(2)の
とおり、翌664年釈放されて帰国を許され、同じく白村江の戦いで捕虜と
なって唐に連行された讃岐国・陸奥国・筑紫国の各国造の戦士も、707年に
なって第8次遣唐使と共に帰朝したのである。

(4) 新羅との交接

　白村江の戦いの前である656年、新羅は使者を派遣して大和朝廷に調を献
上している。白村江の戦い後の671年にも、新羅は大和朝廷に使節を派遣し
て調を献上し、加えて水牛1頭、山鳥1隻を献上して饗応を受けている。
672年にも同様に、新羅からの使者が来訪し、饗応を受け、船1隻を与えら
れている。このほかにも、676年に新羅が朝鮮半島を統一する前後を通じ、
新羅は毎年のように使者を派遣して調を献上して饗応を受けている。684年
には、白村江の戦いで捕虜となり、唐に連行された猪使子首等・筑紫三宅
得許等が新羅に送られ、新羅はこれを筑紫に送還している（『大宰府年表』
8・13頁）。

　しかし、743年になって、新羅の使節に常礼を失する言動があり、大和朝
廷がこれを放却して以降、新羅は礼を失する行為を重ね、遂に大和朝廷は、
759年、新羅を征伐するとの方針を決めている。これに対して新羅は、779年
10月9日、使節を派遣したので、大和朝廷は入朝の理由を問いただした上、
翌780年1月5日、調の献上を許し、宴を催している（『大宰府年表』49・66
頁）。

　このように、大和朝廷は、白村江の戦い後も、唐・新羅との平穏な外交関
係を維持し、両国との間では、再度戦争になるような事態には至らなかっ
た。このような情勢から、大和朝廷は、国費削減の目的で、防人を停止する
措置をとったり、大宰府を一時的に廃止することもあった。しかし、その間
にも、朝鮮を中心とする海外からの賊徒による激しい侵攻が繰り返され、海
外賊徒の侵入による警固の不安から、防人の配置を再開したり、大宰府を再
開したりするなど、次に述べるとおり、大和朝廷の警固体制は揺れ動いた。

3 軍備体制の整備と海外への備え

(1) 大宰府の設置

　大宰府は、当初は地方行政庁として各地に設けられていたが、白村江の戦いに敗れた翌年である664年、九州の地に政庁としての大宰府が置かれ、701年に完成を見た大宝律令により、他の地の大宰府は廃され、政庁としての大宰府のみとし、かつ、人事権を含む強い権限が与えられ、西方の守りに特化した西方統治の要となった。その後、軍備体制強化による財政的負担が大きい半面、唐・新羅との国家間の交接が円滑となったことから、742年、大宰府はいったん廃止された。しかし、海外からの賊徒の侵攻が絶えず、これに対する警固の必要が大きいことから、745年に再開された（『大宰府年表』39・41頁）。

(2) 兵士の配置と海上警固

　646年の大化の改新の詔において、防人（さきもり）を置いて西方の守りに当たらせることが定められ、大宝律令で集大成されることとなった律令において、徴兵制と兵役について定められた。律令制における兵士は、平素は農漁業に従事する者が、当該徴兵地で必要とされる時期に、必要な限度で徴兵され、兵役に服した。非常勤の兵士である。しかし、西方防衛のための防人、京の護衛のための衛士、北方警備のための鎮兵は、特別の兵士であり、各地方から勤務地に赴任した。壱岐、対馬、筑紫に防人が配置されたのは、白村江での敗戦の翌年、664年である。対馬・壱岐の防人の定員は合計300人であった[15]。防人については、その後、財政的負担と唐・新羅との交接状況から方針の見直しがされ、730年にいったん、諸国の防人を停止する旨が命じられた。これに対して大宰府は、759年、警固の不安を朝廷に言上し、防人の配置や博多大津・壱岐・対馬等の要害の地に船100隻以上を置くことを求めた。この言上に基づき、順次防人の再配置が進められたが、800年ごろ、再び壱岐への防人の配置が停止され、876年には対馬に防人を置くことも停止された。

15　宇治谷孟『日本書紀（下）全現代語訳』（講談社、1988年）226頁、『大宰府年表』7頁、中上史行『壱岐国物語』（私家版、1973年）80頁、同『壱岐の風土と歴史』（私家版、1995年）116頁。

当然のことながら、これで事態が落ち着くことはなく、893年の寛平の韓寇（⇨44頁(4)）を機に、翌894年、旧制に復して、対馬に防人を置くことが決められている（『大宰府年表』30頁）。

(3) 城の築造

　海外からの侵攻に備える防衛の拠点として、城の築造も相次いで行われた。白村江での敗戦の2年後である665年、筑前に大野城および椽城が築かれた。次いで、667年には、倭国（奈良）に高安城、讃岐国（香川）に屋島城、対馬に金田城が築かれた。壱岐にも加賀城といわれる同じ様式の古城がある。これらはいずれも山上に築かれた朝鮮式山城であり、築造には百済から亡命してきた貴族（将軍）たちが参画した。また、664年、筑紫に防衛のための大堤を築いて水を貯え、水城と呼んだ[16]。

　瀬戸内海の今治海域では、671年ごろ、大三島東部の小島（現今治市上浦町甘崎の古城島）に甘崎城が築造された。この城は、日本最古の海城である。海城とは、周りを海に囲まれた小さな島全体を城郭化した城である[17]。甘崎城は、その後ここを居城とした複数の武将によって普請が行われ、今も海中に城趾が残されていて干潮時に姿を現す。今治海域の島々や沿岸部には、古代後期から中世にかけて水軍が各地に築造した水軍城（水軍の拠点となった城）の城趾があり、膨大な数に上る。これらの水軍城は、先の山城とは違い、島または海岸に築かれた海城であり、また、天守閣を有する近世以降の城とは様式を異にし、低層であり、海を見下ろす地形や石垣と相まって、攻撃・防御の拠点となる日本古来の城である[18]。

(4) 武器の整備

　律令時代における武器の整備としては、弩の設置があり、大宰府その他防衛上重要な地への弩の設置が命じられた。弩は、中国から伝わった武器であり、「大弓」とも呼ばれ、弩機という大型の発射機をもって発し、「弩師」と

16　宇治谷孟・前掲注15・226頁、『大宰府年表』8頁。

17　田中謙「村上水軍関連遺跡の調査・保存の現状と諸問題～史跡能島城跡の事例を中心に～」今治史談15号（2008年）97頁。発掘調査においては、甘崎城の築造年は確認されていない。

18　大上幹広「芸予諸島の「海城」の防御機能に関する一考察」城郭史研究38号（2018年）28頁、村上和馬「水軍の城郭」伊予史談272号（1989年）1頁。

いわれる武人がその用法を指導した。これは高い威力を持つ古代の武器であり、近代の大砲に匹敵し、村上水軍の焙烙火矢もその発展形態の武器である。兵士が用いる弓矢や太刀・小刀などは兵士が自前で用意する定めであった[19]。弩師は、761年、最初に大宰府に置かれたものの、唐、新羅等との関係が良好になったことを受けて、797年に廃止された。しかし、賊徒の来襲などが絶えないため、814年、再度一人を配置し、894年、一人を増員して二人とした。壱岐においては新羅商人の往来が絶えず、警固を怠ることができないとして、838年、弩師一人を置くことを大宰府に申請し、許可されている。その年、壱岐には合わせて弩100脚が設けられた[20]。

(5) 烽（狼煙台）の設置

　白村江での敗戦の翌年である664年、大和朝廷は、対馬、壱岐、筑紫などに烽（とぶひ）を置いて情報伝達体制を整え、ほどなく出雲、隠岐にも烽を設置した[21]。古代前期に、危機情報の伝達手段がないまま、瀬戸内海の奥深くにある明石浦にまで海外賊徒に侵入された経験からの備えともいいうるものである。烽とは狼煙台（のろし）のことであり、中国では、煙をよく立ち上らせるために烽の材料に狼の糞を入れたことから、後に狼煙と書かれるようになった。816年には壱岐に14か所の狼煙台があり、対馬には年代は特定されていないが19か所の狼煙台があった。狼煙台には年中昼夜を問わず狼煙を絶やさず、使船来航には1炬、賊の来襲には2炬、200艘以上の賊の場合は3炬を放つ定めであった。狼煙による情報は、日本海の対馬、壱岐等の島々から大宰府に伝達され、瀬戸内海の島々を経て都にまで伝達された[22]。大宰府の記録によれば、賊徒襲来の情報の詳細は、大宰府飛駅使（ひえきし）によって数日内に伝えられており、烽は緊急の第一報として伝えられるものであったと考えられる。その意味で、烽は近代の電報に匹敵するものである。

　西国から都への海運の要所である今治海域には、古くから狼煙台があり、

19　高橋典幸ほか『日本軍事史』22頁（吉川弘文館、2006年）25頁。
20　『大宰府年表』103頁、中上史行『壱岐の風土と歴史』前掲注15・119頁。
21　宇治谷孟・前掲注15・126頁、『大宰府年表』7頁。
22　シンポジウム「古代国家とのろし」宇都宮市実行委員会ほか『烽の道』68頁（青木書店、1997年）〔佐藤信〕、中上史行『壱岐国物語』前掲注15・79頁、同『壱岐の風土と歴史』前掲注15・112頁、永留久恵『対馬の歴史探訪』（杉屋書店、1982年）50頁。

多くは古代からのものである。瀬戸内海に突き出す今治市波方の大角鼻・同市宮崎の梶取鼻、その先の大三島南端、岩城島などに多数の狼煙台が置かれてきた。瀬戸内海に突き出す大角鼻と来島海峡の小島には、戦前、ロシア艦隊等の瀬戸内海侵入を食い止めるために砲台が築かれ、その砲台跡が今も残る（⇨14頁地図1）。古代においても現代においても、今治海域は、海外から国の深部への侵入を食い止める前線に位置し、軍事戦略的にも重要な場所であったことがわかる。

4　武装した海運業者としての水軍の成立

(1)　河野水軍成立の背景事情

　730年ごろに河野水軍が成立した経緯については、すでに述べた（⇨27頁(4)）。この水軍は、武装した海運業者としての水軍である。この時期に武装した海運業者としての水軍の成立を見るのは、次のような国家的・経済的な事情があったためである。

①　租税制度の整備による輸送量の増大

　奈良時代（710〜794年）に入って、大宝律令の完成を見て国家による租庸調の徴収制度が整い、租税としての米・塩・布などの運送の必要が著しく大きくなった。奈良時代に、租税としての米の船による輸送量が増大し、瀬戸内海の海運が重要となったことについて、『愛媛県史』（古代Ⅱ・中世）112頁以下に詳細な記載がある。736年（天平8年）作成の伊予国越智郡の正税に関する東大寺正倉院保存史料等に基づく分析によれば、伊予国から宮内省大炊寮に納めるため京進すべき米穀は、春米（籾殻を取り除いてついた米）1400石および糯米20石であり、加えて庸米（労役の代替米）として2000石を京進すべきものとされていた。

②　荘園制度の創設による輸送量の増大

　上記①に加えて、開墾促進のため開墾地の私有を認める荘園制度が成立し、荘園からの年貢の納入のための運送の必要も急激に増加してきた。荘園制度は、三世一身法の制定に始まる。723年に同法が制定され、開墾地は三世代にわたって支配することが認められることとなった。三世代といえば、永年に近い年数であり、これが永年化することは時間の問題であった。こう

して、743年に墾田永年私財法が制定され、開墾地の私有が認められることとなった。

その結果、荘園制度が急速に発展し、上記①のとおり租庸調としての米・塩・布等の船による運送量が増加するのに加えて、西国の荘園から船で都まで輸送される米・塩、その他の産物の量も大量となった。723年の三世一身法以来、伊予の各地域には荘園が設けられ、747年には、法隆寺荘園が伊予国和気郡・温泉郡・伊予郡などを中心に、14か所設置されていた。さらに、7世紀後半から8世紀にかけて、中央の大寺院の勢力が越智郡大島に大島荘、野間郡に菊間荘、風早郡に高田荘、神野郡に新居荘など、多数の荘園を設けた。これにより、荘園から京に向けて瀬戸内海経由で輸送される米・塩、その他の産物の輸送量が著しく増大した。

③ 輸送手段としての海運の重要性

律令制の下において、陸上交通のために街道が整備されたが、それは都と地方を結ぶ軍事を目的としたもので、自由通行が認められるわけではなく、その使用には許可が必要であり、大量の物資輸送に対応するものではなかった[23]。船は、馬や荷車等をはるかに凌ぐ運輸能力を有していたものであり、大量の物資を西国から都に輸送するには、海運に頼るほかなく、また、それが労力面でも経済面でも合理的であった。主要街道が整備されたのは江戸時代以降のことであり、大量の物資輸送の手段としては、現在に至るまで船が多用されている。古代後期以降の瀬戸内海は、日本の主要地域を結ぶ巨大な一般主要道であり、物資輸送のための高速道路でもあったのである。

④ 警固の必要性

当時は、大和朝廷の権力の確立途上であり、国衙役人の横暴や荘園領主による荘園の囲い込みについて、地元住民の反感が大きい時代であり、国衙や荘園領主に対する反対勢力（⇨73頁(3)）の武力による輸送米の奪取なども起こりうる状況であったことから、船による運送に際しては、武力で襲撃から船を守ることが必要な時代であった[24]。

以上のような背景事情に基づき、古代前期の国造または古代後期の国司に

---

23 高橋典幸ほか・前掲注19・22頁。
24 山田順子『海賊がつくった日本史』（実業之日本社、2017年）49頁。

おける海上戦隊としての水軍とは別に、「武装した海運業者としての水軍」の必要が生じることとなった[25]。その草分けとしての存在が河野水軍である。河野水軍の成立時期を確定する史料はないが、以上の諸事情から見て、730年ごろに成立したと考えられる（⇨27頁(4)）。武装した海運業者としての水軍は、荘園領主等の依頼により、税や産物を運送する海運業者であるが、古代末には、海運業者とはいえ、その卓抜した武力と、運送収入による経済力を備え、戦時勢力としても、従来の国衙の戦隊としての水軍を凌ぐ存在となる。武装した海運業者としての水軍の存在を述べる史料としては『因島村上家文書』山名政豊書状、文献としては『続忽那水軍の実像　梓物語』等[26]がある。水軍が武装した海運業者として大きな収益を上げる存在となったことについては、後述する（⇨41頁(5)）。河野水軍は、その卓抜した武力と財力により、源平合戦において、当主河野通信の下、源氏方に付いて戦って武功を上げ、河野通信は、鎌倉幕府が開かれた後である1218年、伊予国守護に任じられ、以後、伊予海域に君臨する存在となる（⇨52頁(1)）。

(2)　村上水軍の成立

　村上水軍の成立は、河野水軍が成立した730年ごろから300年あまり経過した1070年ごろのことである。1063年、源氏の源頼義が伊予国守に任じられ、1070年ごろ、甥である村上仲宗（筑紫守）を越智郡の大島に遣わせ、ここを本拠として海運業を営ませることとし、仲宗は、武装した海運業者である村上水軍を立てた。これが村上水軍である（『松岡水軍史』179頁）。源頼義は、伊予国守として河野水軍を従えており、河野水軍は武装した海運業者として伊予海域を支配していた。村上水軍は、越智郡大島を本拠とし、河野水軍をビジネスモデルとして海運業を興したものである。海運業者としての村上水軍の存在は、1292年の東寺百合文書の中にも表れている（⇨92頁③）。村上水軍は、源平合戦においては、河野水軍と共に源氏方に付いて戦った。源平合戦当時は、前期村上水軍の第4代当主村上清長の時代であり、村上清長

25　忽那裕三『忽那水軍の実像』（私家版、2008年）22頁、『因島村上家文書』（山名政豊書状）。

26　忽那裕三『続忽那水軍の実像　梓物語』（2011年）67頁、西ヶ谷恭弘「河川と中世の城―駿河江尻城と清水城を例に―」城郭史研究38号（2018年）44頁、『松岡水軍史』243頁。

は、河野水軍傘下において戦功を上げ、支配地を広げた。その詳細については第3章Ⅰにおいて述べる。

(3) 忽那水軍の成立

忽那水軍の成立は、村上水軍の成立からさらに100年余り後の1180年代のことである。忽那水軍については、『忽那家文書』が存在する。これは中世の武家文書であり、国の重要文化財に指定されていて史料価値が高い。

忽那諸島（忽那七島ともいう）は、周防と伊予の間にある防予諸島に属する（⇨38頁地図2）。忽那島の中島においては、平安時代後期に藤原道長の末裔であるとされる藤原親賢が配流された後、島内の信望を得て地方豪族となり、忽那水軍を創設して忽那諸島の島々を支配する存在となった。すなわち、藤原朝臣親賢は、1072年、忽那の中島に流罪となり、その地で住民と共に島を開拓し、寺の建立などに励み、住民の信頼を集め、忽那姓を名乗ることとなった。親賢は都人であり、教養が高かったことから、当時、伊予国の海域に支配的な勢力を有していた河野水軍の当主河野為綱と親交を結ぶようになり、為綱は親賢の嫡子に自らの孫娘を嫁がせている。平安時代末である1182年になって、親賢のひ孫である第4代当主忽那俊平は、自らの領地を後白河院に寄進し、その恩賞として地頭職に補任せられ、近海の支配権を得て、武装して海運業を行う忽那水軍を擁することとなった。こうして1180年代初めに成立した忽那水軍は、河野水軍の配下として忽那海域を支配する存在となり、1185年の源平合戦においては、河野水軍の下、源氏方に付いて戦った[27]。

鎌倉時代の史料である尊経閣文庫所蔵『武家手鑑』では、風早郡の忽那島に警固役所を置き、伊予国内の地頭御家人を1か月単位で結番させ、恒常的に海上警固を行っている[28]。忽那諸島は、伊予海域警固の要所であり、伊予国守護となった河野氏の配下において、忽那水軍は、重要な位置を占め、南北朝時代を経た後は、河野家侍大将18将のうち、上位3者が能島・因島・来島村上水軍が占める中、第4順位の存在となった[29]。1400年ごろには、3島

---

27 忽那祐三・前掲注25・66頁、忽那祐三・前掲注26・32頁。

28 石野弥栄「河野氏の守護支配と伊予海賊衆」愛媛県歴史文化博物館・研究紀要1号（1996年）2頁。

地図 2：瀬戸内全図

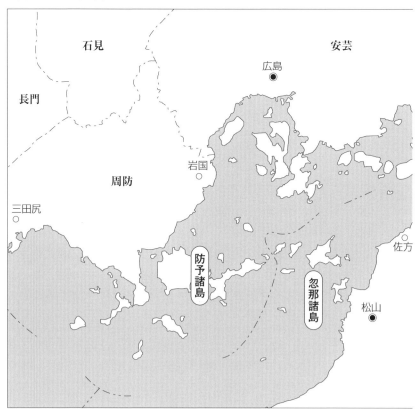

村上水軍・河野水軍・忽那水軍の 5 水軍連携による通関銭徴収体制が成立している（⇨107頁①）。

(4)　塩飽水軍の成立

　芸予諸島の東に位置する塩飽諸島は、ここを経なければ西国から都に達することができないという意味で、古代当時から海上航行の要地とされてきたところであり、665年、島の対岸にある讃岐国屋島に守りの城が築かれている（⇨32頁(3)）。

29　筆者不詳『河野分限録』（近世末作）伊予史談会編『予章記・水里玄義』（改訂 3 版）（愛媛県教科図書、2008年）141〜172頁所収。

　塩飽水軍については、源平合戦の屋島の戦い（1185年）において、平氏方に付いて源氏方を苦しめたことが史料上著名である。しかし、それ以前に、塩飽水軍がどう成立したのかを論じる文献は見当たらない。塩飽出身の眞木信夫氏が著した『瀬戸内海に於ける塩飽海賊史』[30]には、「平氏は忠盛以来、海外貿易の利に着目して、安芸国を以て領国のやうに考へ、瀬戸内海の通交権をその手に握らうとしていた」と記載されており、塩飽水軍の成立には触れていないものの、源平合戦前に平氏が瀬戸内の国司を独占した当時に、国

30　眞木信夫『瀬戸内海に於ける塩飽海賊史』（教材研究社、1934年）50頁。

司の権限を用いて塩飽諸島を自らの配下に入れたことが認められる。

　平清盛は、1167年に太政大臣に任じられ、平氏政権は最高潮の時期を迎えたが、それに先立つ1164年、伊予国の知行国守となり、太政大臣となった1167年には、平惟盛を伊予国守として送り込んでいる（⇨26頁(3)）。こうして、平氏の瀬戸内支配は顕著となり、瀬戸内海を取り囲む備前・讃岐・播磨・安芸・伊予・肥後の国ではいずれも平氏が国司に任命されることとなった。平氏は、瀬戸内海における勢力固めに熱心であり、この当時、海の賊徒を捕らえては、海賊を捕らえたとして京に連行し、恩賞を受けている。後の研究により、それは地方勢力に対して平氏に従うよう要求し、従う者を家人として抱え、従わない者を賊として連行したものといわれている。したがって、平氏による瀬戸内支配の一環として、塩飽諸島に対しても、平氏が服従を迫ったことは十分に考えられる。しかし、塩飽島民側で、平氏に服従を迫られるだけの武力・兵力を有していたのかどうかの説明はされていない。この点については、史料もなく、文献もない。

　実証的瀬戸内史研究の第一人者である山内譲氏も「塩飽諸島と海賊衆」[31]の中で述べるのは中世以降のことであり、源平合戦以前のことには触れていない。眞木信夫氏は、藤原純友の乱（⇨73頁(3)）において純友が塩飽諸島の近くにある松島・釜島という2島に城を築いて戦ったことから、「その主勢力が塩飽海賊であったことは間違いない」と推論している[32]。しかし、そうだとすると、純友の乱は940年のことであるから、塩飽水軍は村上水軍より140年も前に成立していたことになり、彼此辻褄が合わない。

　塩飽諸島は、讃岐国に属する重要海域にある。塩飽諸島について判明している事実としては、次の事実がある。すなわち、前期村上水軍の第2代当主村上顕清（あききよ）が信濃に配流され、その弟である村上定国も新居大島に配流された。村上定国は、新居大島で第3代当主となった。その嫡子である村上清長は、新居大島を出て塩飽島に居住し、ここで海運業を興し、武装した海運業者となり、1159年の平治の乱を機に、塩飽島から越智大島に進出した（⇨87頁②・88頁③）。この過程で、武道と海業に優れた才を持つ村上清長は、塩

31　山内譲「塩飽諸島と海賊衆」伊予史談294号（1992年）1頁以下。
32　眞木信夫『塩飽』（私家版、1951年）5頁。

飽島において武装した海運業者としての塩飽水軍の成立を導いたと考えられる。その時期を示す史料はないが、1140年ころと推認される（⇨88頁③）。水軍を興す以上、武装して船を守るのは当然のことである。ちょうどこのころ、平氏が讃岐国の国司の職に就いたものであり、塩飽水軍の発生と重なり合う。このような塩飽水軍の存在から、平氏は塩飽水軍をその傘下に入れたのではないかと推測される。

　塩飽水軍は、源平合戦において平氏方に付いて源氏と戦い、戦いに敗れて、いったん壊滅状態となった。鎌倉時代に再興された塩飽水軍については、後に述べる（⇨49頁(2)①）。

(5)　海運による膨大な収益と水軍の体制整備

　水軍が成立した古代後期において、水軍が関与する海運には膨大な収益が伴った。古代後期である平安時代、大治・長承年間（1126～1135年）の東大寺領荘園の年貢送り状によると、「筑前山鹿荘（正米〈しょうまい〉）100石、運賃45.4石」とあり、積荷の4割5分が運賃として支払われている。中世のことになるが、鎌倉時代、文永年間（1264～1275年）の年貢送り状を見ると、「正米30石、運賃12石」とあり、やはり積み荷の4割が運賃として支払われている[33]。

　10世紀施行の延喜式中の諸国運漕雑物功賃条において規定されている運賃の定めによれば、3420石の米の伊予国から京までの運賃を比べると、船が1万6516束であるのに対し、陸路の場合は6万8400束であり、陸路は海路の4倍の運賃となるとされている（『愛媛県史』（古代Ⅱ・中世）175頁）。しかも、要する日数は、海路が14日、陸路は24日かかるとされている。武装した海運業者に運送を依頼する場合に、積み荷を賊徒に奪われるおそれがないことも含め、上記の海運による運賃が経済合理性のある額であることがわかる。街道が整備されていない当時、牛馬や人力で運送した場合の労力と経費を考えると、海運の運賃がそれだけ高額であっても需要があったのであり、この高額運賃は相対取引において定まった運賃なのである。

　時代が下って中世南北朝時代以降になると、武装した海運業者である水軍

---

[33]　忽那裕三『忽那水軍の実像』前掲注25・97頁。

が海上を航行する船舶の警固の役割を果たすようになり、その際に、安全航行の対価として、通関銭を徴収するようになる（⇨59頁(2)）が、能島村上水軍の記録「能島家根本覚書」によると、荷駄別役銭の場合、積み荷の１割に当たる金額を徴収していたことが記録されている（⇨60頁(3)①）。古代以来、瀬戸内海の海運の便益は大きく、相当な金銭を支払ってでも海運による必要があったことを示す事実といえる。

　このように収益の大きい海運事業に携わる水軍は、その財力をもって組織と武力を整備し、武装した海運事業者として、各海域において独立した地位を占めることとなった。水軍が有する武力が強力になるに伴い、源平が激しく対立する時期になると、水軍は、源氏および平氏の双方から自軍に加わるよう説得を受けるようになり、古代末の源平の屋島・壇ノ浦の戦いでは、源平の双方において水軍が活躍することとなり、源氏側に付いた水軍は中世に入って、大きく勢力を拡大する。

　もっとも、水軍による戦争への関与は、常時行われるわけではなく、戦時に限られるのであり、水軍の平時の業務は海運業である。このことは、古代後期においても中世以降においても同じであり、『因島村上家文書』山名政豊書状（1490年ごろのもの）においても、当時の村上水軍の戦争参加について、農漁業に従事する者による警固行為を表す「地下警固」と呼んでおり、水軍の戦争参加は臨時の業務であることがわかる。水軍は、古代後期ないし中世において戦争のために駆り出されることはあっても、あくまで武装した海運業者だったのである。

5　古代後期における海外からの賊徒の侵攻

(1)　海外賊徒の侵攻の概観

　古代後期に中央政権としての権力を取得した大和朝廷は、663年の白村江の戦いにおいて惨敗したが、その後、中国や朝鮮との国家間の関係が悪化することはなく、良好な外交関係が維持されてきており、国家間で戦火が交わされるような外交関係は生じなかった（⇨29頁(3)・30頁(4)）。それでは古代後期には日本に海外からの侵攻がなく平穏な日々を過ごすことができたのかというと、まったくそうではなかった。古代前期の海外賊徒である塵輪・鉄人

の来襲（⇨20頁③⑥）に続いて、次に述べるとおり、古代後期においても、朝鮮その他の外国の賊徒により、沿岸部や海岸近くの地域への侵攻をしばしば受けてきたのであり、賊徒の規模は年を追うごとに大規模なものとなっていった。これに備えるため、古代前期においては、国造の戦隊としての水軍に頼ってきたが、古代後期においては、武装した海運業者である水軍がその豊富な財力に基づき強力な武力を培ってきたことから、武装した運送業者である水軍の戦力に頼ることとなっていった。

(2)　弘仁の入寇

　812年（弘仁3年）1月5日、新羅船3艘が前年12月6日対馬沖に来航し、翌7日に賊船20余艘が対馬沖にいることを発見したとの報告が大宰府にあり、大宰府は、1月28日、新羅語訳語（通訳）と軍人を派遣し、要害の警固を管内ならびに長門国・石見国・出雲国などに命じた。しかし、賊船が上陸しないまま退散したことから、恐れるに足りずとして、同日、警固の停止を命じた。

　翌813年2月9日、新羅人110人が肥前の小近島（おちかじま）（長崎県北松浦郡小値賀町（おちかちょう）所在）などに5艘の船に乗って侵攻し、襲撃と略奪を行ったこと、ならびにこの来襲に対し、地元の武器を持った百姓・漁民が防戦し、新羅人9人を打ち殺し、101人を捕らえたことが、3月4日、肥前国（現佐賀県北部）の国司に報告された。地元の武器を持った百姓・漁民というのは、文字どおりの百姓・漁民ではなく、当時は徴兵制の時代であったことから、非常勤の兵士というべき存在であった（⇨31頁(2)）。肥前国司は3月7日にこのことを大宰府に報告した。大宰府では、この日、来着した新羅人を希望により放還し、仮来（残留）を希望した者は、東国に押送した。

　その後、新羅からの賊徒の侵攻に備え、大宰府では813年、対馬に新羅語訳語を置いて、捕らえた新羅人の尋問に備えた。また、835年には、防人の配置を停止していた壱岐に新羅人の来航が絶えないため、島民330人に14か所の要害を守らせる体制をとった。その後も海外からの賊徒の侵攻は絶えることがなかった[34]。

34　『大宰府年表』85・96頁、川崎庸之ほか『読める年表 日本史』改訂11版（自由国民社、2012年）181頁、山田順子・前掲注24・60頁。

⑶ 貞観の入寇

　869年（貞観11年）5月22日夜、新羅の賊が船2艘に乗り博多津に来襲して略奪を働き、豊前（現福岡県東部）の海上において、年貢上納のための船である献調船を襲撃し、年貢の絹・綿を略奪し、すぐに逃げ去った。大宰府は兵を発してこれを追ったが捕らえることができなかった。これを受けて大宰府は、大宰府守備のため統領（とうりょう）2人・兵士200人を増強し、870年、対馬に兵士50人を増強し、弩師1人を置くなどの策をとった。朝廷は、7月2日、新羅の賊の入寇により豊前国の年貢の絹・綿を奪われたこと、また、海辺の百姓の軍忠を報告しなかったことにより、大宰府司を譴責（けんせき）した[35]。

⑷ 寛平の韓寇

　893年（寛平5年）5月21日、新羅の賊が肥前国松浦郡（現長崎県松浦市）に来襲し、翌日、その旨を飛駅使が奏上した。賊は、翌月には肥後国飽田郡（現熊本市）を襲い、人家を焼失させた。この奏上を受け、大宰府は即日、勅符を下してこれを追討させた。

　年が明けて翌年である894年4月14日、飛駅使が対馬に新羅の賊の来寇があったことを言上した。大宰府は直ちに追討を命じたが、賊は略奪を達することなく逃げ去り、捕らえることができなかった。

　続いて9月17日、新羅の賊が9月5日に来襲した旨を、飛駅使が大宰府に言上した。賊は、船45艘の大軍で対馬に侵攻し、官舎などをことごとく焼き払い略奪に及んだ。大宰帥是忠親王は直ちにその追討を命じ、賊徒に対抗する対馬の軍勢は、賊302人を射殺し、続く戦いでさらに賊200余人を討伐し、兵器を奪い、賊1人を生け捕って賊に関する情報を聞き出した。その1人、賢春と称する者の供述によれば、この年、新羅は不作で人民は飢えに苦しみ、穀・絹を奪うために参来したといい、その他の捕虜からの供述により、賊の将軍のうち1人は唐人であったことなどの来襲に至った概略が判明した。対馬への防人の配置は876年に停止されていたが、寛平の韓寇の翌年である894年、旧制に復して防人を配置することが決定された。また、同年、大宰府に置いていた弩師を増員して2人配置とした（『大宰府年表』197頁）。

---

35 『大宰府年表』136〜139頁、齋藤慎一ほか『日本城郭史』（吉川弘文館、2016年）84頁。

⑸　長徳の入寇

　997年（長徳3年）10月1日、大宰府飛駅使が到来し、肥前・肥後・薩摩が賊徒により襲撃されたとの報がもたらされ、襲撃を行ったのは南蛮の賊、すなわち、奄美島人であると報告された。また、高麗人が来寇するとの浮言があることも伝えられた。続いて11月2日、大宰府飛駅使が到来し、南蛮賊徒40余人を討伐したとの報告がされた。時は新羅末期を経て高麗が統一を遂げた後であり、高麗が不明の存在だったことによる浮言と考えられる[36]。

　なお、ここにいう奄美島人を現在の奄美大島一般島民と考えてはならない。当時、九州南部および奄美諸島には大和朝廷の統治が行き届かず、大和朝廷の支配に反対する奄美島人が多数いたのである（『大宰府年表』23頁）。したがって、この襲撃は、単なる賊徒による襲撃ではなく、民族対立に近いものであった可能性が高い。官側の発表では賊徒であるが、反対勢力の側から見ると、正当な武力集団であることは、世界にしばしば見られることである。現に、南北朝時代の1347年、薩摩国東福寺城に島津勢が立てこもるのに対し、各地から南朝方海賊衆が動員されて数千人規模で攻撃をしている（『水軍誌』14頁）が、これも南朝の国権への反対勢力との戦いであって、賊徒の討伐とは異なる。

⑹　刀伊の来襲

　最も激しい海外賊徒の侵攻であり、史料・記録も具体的で詳しいのは、1019年の対馬および壱岐への刀伊の来襲である。これは新羅からの侵攻ではなく、刀伊といわれる中国北東部沿海地方の部族を中心とする賊徒の侵攻である。

　賊徒は、3月28日、50余艘の船で来襲した。これは櫓漕ぎ船での来襲であるから、水主その他1船50人の乗員とすると、2500人余での侵攻である。対馬に上陸した賊徒は、放火・殺人に及び、382人が殺害された。大宰府には4月7日に来襲を報じる解文が到来し、直ちに京に向けて飛駅使を発し、これが4月17日に京に到着した。伊勢神宮以下の諸社にも討伐の命が下され、三島宮から出動の要請を受けた河野親経率いる伊予の河野水軍も、三島宮に

36　『大宰府年表』197頁、瀬野精一郎ほか『長崎県の歴史』（山川出版社、2012年）69頁。

社参し、祈請して出征したことが三島宮の記録に残っている（『三島大祝家譜』3頁、『松岡水軍史』115・172頁）。賊船は、4月8日には壱岐に侵攻し、住民に対する殺人や捕縛に及んだ上、家畜のほか犬までも食った。壱岐では、壱岐国司藤原理忠が殺害されたのを始め、148人が殺害された。犠牲者は男44人、法師16人、童29人、女59人であり、女を中心に239人が捕虜になった。この侵攻の結果、壱岐において生き残ったのは、諸役人9人、郡司7人、百姓19人の計35人のみであった。「家畜のほか犬までも食った」という記録に、当時の人々の恐怖と驚きが表れている。賊は、同じ4月7日、筑前国（現福岡県北西部）にも来襲し、志摩・早良郡にて住民を略奪し、民家を焼き払った。4月13日には肥前国（現佐賀県北部）松浦郡に至ったが、大宰府軍も兵を率いて戦い、遂にはこれを撃退し、捕虜を捕らえて窮問した[37]。「大宰府軍」といっても、大宰府に独自の軍隊組織があるわけではないから、ここでいう大宰府軍は、元寇の際の「鎌倉武士」と同じで（⇨57頁(2)）、いずれも水軍のことである。

(7) 海外賊徒との戦いへの水軍の参戦

　古代後期の海外からの侵攻は、すでに見たとおり、朝鮮半島や中国北東部沿海地方等から、生活に窮した一群の武装集団が日本の島嶼部や沿岸地域を襲い、略奪、殺戮、誘拐を行ってきたものである。史実に残る侵攻状況は時期が下るにしたがって凄惨さを増しており、これへの対処のため、国司に所属する海上戦隊としての水軍のみならず、刀伊の来襲の際に見られるように、大宰府から伊勢神宮以下の諸社への追討の宣がされて、これを受けて武装した海運業者である各海域の水軍も参戦している。また、弘仁の入寇および貞観の入寇で記録が残るとおり、武装した農民・漁民も賊徒と果敢に戦っている。ここでいう農民・漁民を現在のそれらと混同してはならない。当時の農民・漁民は、国司の水軍として、あるいは防人として、招集があれば各自が自前の武器を持って兵士として参加する備えをしつつ農・漁業に従事していたものであり、非常勤の兵士が各地域に多数いた時代であることを忘れてはならない（⇨19頁(4)・25頁(2)・31頁(2)）。

37　『大宰府年表』230頁、中上史行『壱岐国物語』前掲注15・99頁、同『壱岐の風土と歴史』前掲注15・112頁。

伊予国においては、伊勢神宮以下の諸社にも討伐の宣がなされ、三島宮からの要請を受けた越智（河野）親経率いる伊予の河野水軍が討伐に参戦している。越智親経は、堀河天皇（1087〜1107年）のころ、河野水軍の当主として伊予海域に君臨していたものであり、刀伊の寇の討伐の要請をした三島宮に社参し、祈請して出征している（⇨前記(6)）。当時の河野水軍も、三島宮の神託（大祝文）に基づいて戦闘に加わる体制であったものである。

6　古代後期における国内の海上賊徒の実像

古代後期の史料である日本三代実録に次のような記載がある。

「近来伊予国宮崎村海賊群居略奪尤切　公私海行為之隔絶」（訳：近時伊予国宮崎村に海賊が群居して略奪が甚だ多く、公私の航海が途絶えている）

もしその記載のとおりだとすれば、それは一大事であり、治安を維持する役職にある国司は、朝廷からの討伐の命を受けるまでもなく、その討伐に全力を尽くす必要があるはずであるが、その形跡はない。日本三代実録のこの記述の信用性は疑わしい。この地を統治していた越智氏の末裔である松岡進氏は、越智氏や同族である河野水軍の当時の実情から見て、宮崎（現今治市波方町宮崎）（⇨14頁地図1）の海域に海賊が群居することなど、ありえないという（⇨71頁(2)）。当時、伊予海域には国司が置かれ、国司には藤原家または源家が任じられ、地元の豪族である越智氏や河野氏がその政務の補佐をしていたものであって、その支配地に万が一にも海賊が群居するならば、総力を上げて討伐したはずであり、航行が途絶するということはありえないという説には、越智家末裔であり、地元を熟知する筆者の説だけに説得力がある。現に、日本三大実録の記述自体においても、賊徒が治まらないのは国司が自国内の捜索のみにとどまっているためだとしており、国家統一の過程における複雑な情勢の存在を認めるものとなっている。後に詳述するが、近時の研究により、この記述の信用性は否定されてきている（⇨71頁(2)）。

個人単位の小規模な盗賊ないし海上賊徒は、常に存在するものであるが、我が国においては、陸上の窃盗犯ないし盗賊が一般的に小規模なものであるのと同様に、海上賊徒も一般的に小規模ないし個人的な犯罪行為者であり、海上交通が途絶するような大規模な犯罪行為があれば、討伐の命を受けた者

によって制圧されるのが当然の成り行きである。我が国の歴史上、陸上・海上の賊徒が国の重要地における交通を途絶させた事実は存在しない。

日本三代実録の記述を根拠に、古代の海上賊徒は瀬戸内海の航行を途絶させるほどに跋扈していたとする書籍はすこぶる多いが、いずれも日本三代実録に関する先行の書籍の解説を引き写しているにすぎない（⇨74頁①・75頁②）。当時の朝廷は、百済救済のため朝鮮にまで出兵し、あるいは元寇その他の海外からの襲撃に対し、ひるまず討伐を命じているものであり、その朝廷が、瀬戸内のこの程度の賊の存在に手をこまねいていたということは、ありえないことである。

古代の当時も今も、盗賊・強盗がいなくなることはありえないが、日本の歴史と風土においては、それは常に小規模なものであり、かつ、社会のはぐれ者の仕業であるのが一般的である。海外において、賊徒が組織化され、軍団化することが少なくないのとは対照的である。後に述べるとおり、瀬戸内海を賊徒が支配していたかのような日本三代実録中の記述は、藤原純友の乱に見るような反朝廷勢力・反国衙勢力を単なる賊徒と同視するものであり、これをそのまま受け取ることはできない（⇨73頁(3)）。

7　源平の戦いと水軍

(1)　源氏方水軍

①　源平合戦と水軍

古代末の水軍は、源氏方と平氏方に分かれて戦った。日本の権力を二分するこの戦いで、源氏も平氏も、海戦を考えると、いずれが水軍勢力を取り込むかが戦況を有利に運ぶ上で最も重要なことであり、両軍とも、水軍の協力を得るため、味方をしてくれる水軍に恩賞を提示したのがこの時期である。この構図は、その後も南北朝時代に引き継がれ、水軍を味方に付けるために、恩賞として海域支配権を与える約束がされ、勝者に味方した水軍が戦後に海域の支配権の拡大を承認されて、中世に水軍が海域支配を強める要因となっていく。

②　河野水軍

源平合戦においては、源氏側水軍の中心的勢力となった河野水軍に最も手

厚い恩賞が与えられ、壇ノ浦の戦いで勝利した源頼朝は、その年に、河野水軍の当主河野通信を伊予国道後の地頭に任命し（⇨52頁(1)）、これが1218年に河野通信が伊予国守護に任命される第一歩となった。以後、河野氏は、伊予国に君臨することになる。

③ 村上水軍

村上水軍の第4代当主である村上清長は、河野水軍の第一の配下として源平合戦に参戦し、戦功を上げた。村上水軍は、第2代当主が信濃に配流され、越智郡大島の根拠地を失ったが、村上清長は、塩飽島から攻め上って越智大島の根拠地を回復したものであり、源平合戦には、大島の地から参戦したものである。清長は、源平合戦戦後に大島南部の亀老山に 隅 嶽 城 を築き、父祖の地である大島の支配を確実なものにした（⇨88頁③）。

④ その他の水軍

1180年代に成立した忽那水軍も、初代当主忽那親賢以来、河野水軍と密接な関係にあり、源氏方に付く河野水軍の配下となった。忽那水軍は、戦後、船舶航行の要所である忽那島の支配を確実にして、南北朝時代に勢力をさらに拡大する基礎を築き、南北朝時代を経た後は、河野家侍大将18将のうち、上位3者が能島・因島・来島村上水軍が占める中、第4順位の存在となった（⇨37頁(3)）。

瀬戸内海域のみならず、熊野・伊勢・東国においても、源氏方に付いた水軍勢力がそれぞれ各海域の支配力を強めるようになってくる（『水軍誌』23頁）。

東国においては、三浦半島の伊豆水軍が源氏方と密接な関係にあり、源氏が鎌倉から三浦半島、房総半島に力を伸ばすに際して、その移動を助けるために、伊豆水軍中の三浦水軍が重要な役割を果たし、中世に繋がっていく。

(2) 平氏方水軍

① 塩飽水軍

源平合戦においては平氏方に与し、屋島の戦いにおいては平氏方に付いた塩飽水軍は、源氏方を苦しめた。そのため、壇ノ浦の戦いにおいて平氏が滅亡した後は、塩飽諸島において平氏は追討の対象となり、水軍は解体された。

中世になって、塩飽水軍は、源氏方水軍として再編成された。すなわち、源氏方の郡司香西藤左衛門家資は、鎌倉幕府の命を受けて塩飽島に入り、平氏方に付いた塩飽水軍を再編成するため、部下となった水軍に節制と訓練を与え塩飽諸島を平定した（『松岡水軍史』212頁）。これ以降、塩飽水軍は、従来の塩飽水軍とは違った水軍となり、1508年には、能島村上水軍当主である村上雅房が塩飽島の代官に任じられ、以後、塩飽水軍は能島村上水軍に従うことになった（⇨108頁②）。

　塩飽水軍は、信長・秀吉の木津川の戦い等においては、来島水軍と共に、信長・秀吉方に付いて戦い、他の瀬戸内水軍が瀬戸内を去る中、唯一瀬戸内海からの追放を免れ、秀吉から保護を受ける存在になった。このとき以降、塩飽水軍は、海賊禁止令の方針に従って、秀吉が禁止した通関銭の取得には一切関わらないこととなり、造船・操船の技能集団に変じ、江戸時代には、自治的な地域支配を認められ、海運（廻船）にも従事し、他の水軍とは異なり、中世の活動の地にとどまって、繁栄を誇る存在となっていく。

②　その他の平氏方水軍

　熊野から伊勢にかけての海域を支配していた熊野水軍は、水軍内で2派に分かれ、各派が源氏または平氏に付く存在であったが、源平合戦においては、源氏との結び付きを強くするものが優勢となった[38]。

　瀬戸内の軍勢の中では、伊予国新居郡を本拠とする新居氏が一族内で2派に分かれ、平氏に味方した者は敗れ、源氏に味方した者は勝利を得る結果となった。平家物語では、平氏に味方した新居橘四郎親家が弓の名手として賞賛されている[39]。

(3)　水軍は国衙の戦隊か

　源平合戦に参戦した水軍は、武装した海運業者としての水軍である。古代後期においては、安全に米・塩・絹等を都に届ける海運の収益は膨大なものとなり、武装した海運業者は、その収益により戦時の水軍力も整備する存在であり、それがゆえに、水軍に対し、源氏方、平氏方それぞれから自軍に付くよう働きかけがされて、さらに優位な地位を確保することとなった。

38　永岡治『伊豆水軍物語』（中央公論社、1982年）38頁。
39　新居浜市史編纂委員会『新居浜市史』（新居浜市、1980年）52頁。

源平合戦に源氏方で参戦した河野水軍について、国衙の戦隊であったと推論する書籍がある。『水軍誌』8頁は、「（河野）通信の率いた兵船30艘の主体をなしたものは、この国衙水軍であったとも考えられる」と述べている。しかし、河野通信は、平氏一族が国司に任命されて以降、源平合戦当時は国司と対立する存在であり、伊予国の国司が平惟盛である当時に、河野水軍が「国衙水軍」であることは、ありえない。河野水軍は、源平合戦当時は、伊予や讃岐の国司が従えた塩飽水軍等の軍勢と対立し、源氏側の武装した海運業者であったのである。

Ⅳ
中　世

1　中世初期（南北朝時代前）の水軍

(1)　河野水軍の隆盛

　古代後期に成立した武装した海運業者としての各水軍は、源平合戦におい
ていずれの側に従うかについて、それぞれが働きかけを受け、源氏方に従っ
た河野氏は、中世の鎌倉時代に入ってその勢力を拡大した。すなわち、1185
年、壇ノ浦の戦いで平氏に勝利した源頼朝は、その年、各国に守護地頭を置
くこととし、同年、河野水軍当主河野通信を伊予国道後の地頭に任じた（『三
島大祝家譜』年表4頁）。1199年に頼朝が没した後も、1218年になって、河野
通信は、鎌倉幕府から伊予国守護に任じられている。これより、河野氏は、
伊予国の政務を預かるとともに、武装した海運業者としての海運・交易によ
る収入も巨額となり、財力・組織・武力とも強化された。河野氏の同族であ
る三島大祝家は、古来よりの寄進のほか、天皇家、将軍家等からの寄進があ
るのに加えて、1205年、吉岡庄を所領として与えられ、大祝越智安時が三島
宮守護に任じられ、同年、三島宮政所も創設されて、一定の政務を行う体制
が整えられた（『三島大祝家譜』年表4頁）。

系図3：越智親経以降の河野水軍系図

越智（河野）親経〔ちかつね〕**―河野親清―通清―通信**〔みちのぶ〕（源平合戦後伊予守護、承久の乱で
守護解任）**―通久―通継―通有**（弘安の役で戦功）**―通盛**（伊予守護）**―通朝**〔みちとも〕
―通堯〔みちたか〕**―通義**〔みちよし〕**―通久**〔みちひさ〕**―教通**〔のりみち〕**―通宜**〔みちのぶ〕**―通直―通宜―通政―通直**（伊予国支配喪
失）

（『三島大祝家譜』資料附録12頁「越智分派系図」による）

(2) 承久の乱における河野水軍の敗戦とその影響

① 承久の乱と河野水軍

　中世初期の鎌倉幕府における源家支配が、頼朝の死によって北条家支配に変化してきた1221年（承久3年）、承久の乱が勃発した。後鳥羽上皇が北条家鎌倉幕府に対して起こしたこの乱において、伊予国守護である河野通信は河野水軍を率いて後鳥羽上皇に従い、北条家鎌倉幕府の追討に動いた。しかし、後鳥羽上皇軍は北条家が支配する鎌倉幕府軍に敗れ、後鳥羽上皇は隠岐に配流され、河野通信も伊予守護職を解かれ、同年奥州今泉に配流された。鎌倉幕府にとっては、河野通信は反乱軍の張本（首謀者）の一人であったのであるから、当然の措置といえる[40]。河野通信は1223年、平泉で没している。これにより、河野氏の繁栄はいったん途切れることとなったが、それから60年後の1281年、河野水軍を率いた河野通有は、第2次元寇（弘安の役）で顕著な戦功を上げ、その後の河野氏の伊予守護職復帰の礎を築いた。これが瀬戸内水軍の有する逆境を跳ね返す力である。

　1221年に河野通信が伊予国守護を解かれ、新たな守護として佐々木頼綱が任じられた。佐々木頼綱は、平氏追討に功があった佐々木氏の一族であった。伊予国守護職は、その後、同じく平氏追討に功があった宇都宮氏に移り、宇都宮頼綱が伊予国守護職に任じられ、その後も宇都宮家がその職を承継した。河野水軍は、通信が伊予国守護の職を解かれて奥州今泉に配流された後も、一族によって存続が図られ、1281年、第2次元寇における河野通有の働きにより、再び幕府の信頼を得て、伊予のほか、九州に所領を拡張した（⇨57頁(2)）。1336年の南北朝時代の始まりとともに、その年、河野通有の子である河野通盛（通治）は、足利尊氏の推挙により伊予国守護の職に任じられた。その後、将軍家の指図により1338年に守護職を岩松頼宥に譲ったものの、1350年には再度守護の職に任じられた（『愛媛県史』（古代Ⅱ・中世）第2編第2節、『三島大祝家譜』年表7頁）。

② 承久の乱と村上水軍

　承久の乱において河野水軍に従った村上水軍は、当主村上頼冬が越智大

40　坂井幸一『承久の乱　真の「武者の世」を告げる大乱』（中央公論社、2018年）198頁。

島・中途島・武司島の水軍武士を集めて鎌倉幕府軍と戦ったが敗れ、1221年戦死した（『松岡水軍史』234頁）。この戦いの後に伊予の鎌倉幕府方の河野追討軍に追われた村上氏は、本拠地である越智大島を追われ、新居大島等に追いやられた。しかし、村上氏は、これに屈することなく、後に越智大島および付近の諸島に復帰している（⇨93頁(2)）。

③　紀氏と木浦城

　国司と河野水軍とが良好な関係にあった当時に、国司において船所の長官を務めていた紀氏は、国守に平氏方が任命されることとなった1170年ごろ、河野水軍の支配領域にあった伯方島木浦に移り、木浦湾を見下ろす高台に城を築城した。これが木浦城である。紀氏は、承久の乱において河野通信に従ったが、伊予の鎌倉幕府方の河野追討軍から攻撃を受けて木浦を追われ、1221年、木浦城は落城した。

2　中世初期の海外からの正規軍の侵攻

(1)　第1次元寇（文永の役）

　古代前期に海外からの賊徒の侵攻が始まり（⇨23頁(3)）、古代後期においては、それが頻回を数えるとともに、大規模化したが、これに対抗するための水軍の財力および武力が充実し、中世に入ってからは、海外からの賊徒の侵攻は散発的なものとなり、時に賊徒が侵攻しても、水軍が時を移さずこれを迎え撃って討伐した（⇨62頁(1)①）。しかし、これで国家に平穏が訪れたわけではなく、鎌倉時代に入って90年が経過した1274年（文永11年）、海外国家の正規軍が日本に侵攻してくるという事態を迎えた。元寇として知られる元・高麗連合軍の侵攻である。これは、「第1次元寇」または「文永の役」といわれる。

　蒙古国（モンゴル帝国）は、13世紀に勢力を拡大し、1259年には高麗を併合し、1260年にフビライ・ハン（世相）が皇帝に即位した後は、中国の征服を目指して侵攻し、1271年には南宋を倒して中国を征服し、元王朝を立てるに至った。このような中で1274年に日本への侵攻を図ったものであり、この侵攻は、突然の襲撃ではなく、複数回にわたり使節を派遣して日本に恭順を迫り、日本がこれを拒否したのを見定めて侵攻する宣戦布告型の侵攻であっ

た。

　蒙古国の使節は、1266年（文永3年）から1269年（文永6年）まで4回にわたり日本に恭順を迫ってきた。これを拒んだ日本としては、蒙古の来襲がありうることを予測する必要があった。三島宮の家譜によれば、1268年、恭順を迫る大蒙古皇帝奉書を持参した第2回の蒙古の使節を日本が退けたことから、この年、天皇家から大廟諸社に対し、国難があるとの宣託が下りている（『松岡水軍史』863頁）。この告示を受けて、各神社の下にある各地の水軍は、戦いへの備えを行うこととなった。当時の各地の水軍は、神社の神託を得て戦闘に加わる体制であった。

　蒙古国は、1271年に中国を征服して元王朝を立てた後、1274年（文永11年）、元軍と高麗軍の連合軍により日本に侵攻してきた（以下「元軍」という）。元軍は、まず、対馬に侵攻し、次いで壱岐に侵攻してきた。

　文永の役の戦況については、激戦のあった地である筑前国筥崎宮（福岡市東区箱崎所在）の宮司が書いたといわれている史書『八幡愚童記』および大宰府への飛駅使の報告に詳細が記載されている。元軍は、同年10月、戦艦900隻で北九州を襲ってきた。対馬では、村人が殺害され、捕虜となる者もあり、女は捕縛して手の平を貫通させた紐を船に結び付けて生け捕りにする等の惨状が記されている。次いで元軍は壱岐に侵攻し、1000人を超える日本人を殺害しており、朝鮮の記録『高麗史』によれば、帰還した元軍が子供・男女200人を高麗国王に献上したと記されている。さらに元軍は大規模な本土侵攻を行い、博多湾や肥前沿岸に正規軍が侵攻してきた。博多湾には戦艦900隻が侵入し、兵3万9700人が攻め入ったと記録されている。これに対して日本軍は迎撃態勢を整え、果敢に迎え撃ったが、先端に毒を塗った毒矢などによる大陸練磨の大兵の猛攻に、日本軍は大いに苦戦した。

　この戦いに、河野水軍および村上水軍が三島宮から追討宣を受けて出陣し、河野通信の子で、河野水軍を率いて戦った河野通時が戦死している。日本側の激しい抵抗に遭う中で、元軍兵士は軍船に引き上げるのであるが、その途中で暴風雨被害に遭い、大打撃を受けて撤収を余儀なくされた[41]。こ

41　近藤成一『モンゴルの襲来』（吉川弘文館、2003年）35頁、『松岡水軍史』227頁。

の暴風雨は、後に神風と称されることとなった。このときの元軍の苦戦と撤退の理由について、当時湿地帯が多くあった北九州の地形で説明する文献がある。元軍は騎馬による戦闘を得意とするが、当時の地形は、今とは違い、江戸も大坂も、九州地方も、各所に湿地が多く存在し、騎馬での攻撃が困難であり、戦力を大いに殺がれたという。上陸後の元軍の動きを説明するものとして傾聴に値する[42]。

この文永の役により、神威を重んずる当時の風土の中で、水軍の軍神を祀る三島宮は大いに栄え、越智安俊が大祝のころ、寄進地をさらに増やし、前後に比を見ない全盛期を迎えた（『松岡水軍史』229頁）。

(2)　第2次元寇（弘安の役）

元王朝はその後、第2次侵攻計画を立て、1281年（弘安4年）、元軍が2度目の侵攻に及ぶこととなる。ここでも、まず対馬侵攻があり、次いで壱岐侵攻があり、人民に甚大な被害が生じた後、博多湾等への侵攻があった。元軍は、ここで日本軍の激しい抵抗に遭い、撤退の過程で再び暴風雨に遭遇し、大損害を被って撤退した[43]。

この戦いに、河野水軍、村上水軍も参戦した。戦いの状況は、予陽河野盛衰記に記述されている。1281年1月、元軍は、10万の兵を率いて海上に浮かび、6月には筑前志賀島（福岡市東区志賀島所在）および肥前鷹島（長崎県松浦市鷹島町所在）に至り、日本水軍は、海からこれに迫り、志賀島合戦および鷹島攻めを展開した。この戦いの様子が、元軍張成の墓碑銘に次のとおり記載されている（呼子重義『海賊松浦党』掲載、『松浦水軍史』234頁）。

「弘安4年6月志賀島に至るとその夜半、忽(たちま)ち賊（日本軍のことである）が襲来して執拗な反撃を受けた。6月晦・7月2日、賊再び来る。この戦いで之を破る算なし。27日軍を移して打可島(たかしま)に至る。賊舟また集まる。張君（張成）艦を整え、日をもって夜を継ぎ、応戦明（朝）に至り、賊舟初めて退く」。ここでは、日本軍は「賊」と表現されている。

河野水軍を率いた河野通有は、日本水軍の先陣において、他の追随を許さない活躍をした。河野通有の元軍を相手にしての武功は、後に言い伝えられ

42　竹村公太郎『日本史の謎は「地形」で解ける』（PHP研究所、2013年）88頁。
43　近藤成一・前掲注41・46頁、『松岡水軍史』233頁。

るほどに著名である（『予陽河野盛衰記』）。河野通有は、この武功により、幕府から恩賞として所領を与えられ、伊予や肥前神崎荘（佐賀県神埼市所在）に領地を増やした。通有は、その後も鎌倉幕府の軍事上の要人として扱われ、鎮西府御家人でないにもかかわらず、弘安の役の後も第3次元寇の襲来に備えて肥前にとどまった[44]。

　一方、村上水軍を率いた村上頼久は、1281年、この戦いで戦死した。また、河野通有の叔父である河野通時（文永の役で戦死した河野通時の叔父）もこの戦いで戦死した。忽那水軍の忽那重俊も戦いに加わり、志賀島合戦および鷹島攻めで活躍した（『松岡水軍史』234・798頁）。

　元寇での日本軍の戦いを「鎌倉武士の活躍」と記載している文献が大多数である。しかし、実情は上記のとおりであり、鎌倉武士と称されるのは、実は水軍戦士であった。水軍の中には、士分（武士）のほか、平素は農漁業に従事する水主たちも多数いたのであり、その海戦行為は「鎌倉武士の活躍」というのでは、正しく実情を伝えているものとはいえない。

(3)　**応永の外寇**

　中世に生じた海外からの正規軍の侵攻としては、あまり知られていないが、南北朝時代の後に生じた「応永の外寇」といわれる李氏朝鮮による侵攻は、李氏朝鮮のいう倭寇（わこう）の真の姿を知る上で重要である。この侵攻は、1419年（応永26年）に行われ、李氏朝鮮は、対馬に倭寇の本拠があるとして、倭寇討伐を名目として対馬攻撃を行った。朝鮮の記録『李朝実録』によると、朝鮮軍は、船129隻を奪い、家1939戸を燃やし、114人を斬首、21人を捕虜とし、次いで島を再度捜索して家68戸と船15隻を燃やし、9人を斬ったとされている。このあと、糠岳（とうだけ）で対馬武士団との戦闘となり、朝鮮側は4人の将校が戦死し、百数十人の戦士が崖に追い詰められて墜落死したとされている。同じく朝鮮の記録『宗氏家譜』によると、「我兵戦死者123人、賊を斬ること2500余」とあり、日本襲撃の成果が強調されているが、結局のところ、朝鮮軍は日本の水軍の反撃に遭い、台風の接近もあって、10日余りで対馬から撤退した[45]。

44　石野弥栄・前掲注28・3頁、『海賊の日本史』137頁。

朝鮮では、倭寇の根拠地は対馬であると考えており、倭寇討伐の理由で熾烈な対馬攻撃を行った。しかし、殺戮を繰り返して島を隈なく探索したにもかかわらず、対馬で倭寇を捕らえることができなかったものであり、これにより、朝鮮側のとらえる倭寇の実像が何を意味するかを知ることができる（⇨80頁以下）。

3　南北朝時代以降の水軍と通関銭の徴収

⑴　南北朝時代以降の水軍の海域支配力

　1336年に始まり1392年に終わる南北朝時代においては、中央権力が南朝と北朝に分かれて争うこととなり、南朝と北朝は、それぞれが海戦上の優位に立つため、各海域の武装した海運業者としての水軍をその支配下に収める交渉を活発に行うようになった。その結果、伊予海域を支配する河野水軍は伊予灘の平郡島（へいぐんとう）に進出し、安芸灘と伊予灘の間の忽那水軍は周防の屋代島（やしろじま）に進出し、また、今治海域に勢力を持つ村上水軍は、備後国鞆の津にまで進出するなど、それぞれがその勢力を拡大した。

　河野水軍は、各水軍が勢力を拡大する中で、浮き沈みの大きい特異な立ち位置にあった。すなわち、河野氏は、中世初期に伊予国守護となった後、1221年の承久の乱で逆賊となって、守護河野通信はその職を解かれた。しかし、河野水軍は存続し、1281年の第2次元寇における河野通有の働きにより所領を九州にまで拡張して勢力を盛り返し、南北朝時代の1350年、河野通盛（みちもり）（通治（みちはる））が伊予国守護職に任じられ、河野氏が伊予守護職に返り咲く。その後、伊予国守護職は、1354年河野通盛から細川頼之へ、1362年細川頼之から再び河野通盛へ、1364年には河野通盛の子通朝から再び細川氏へ、1370年には細川氏から河野通堯（通直）へ、そして再び河野氏から細川氏へとめまぐるしく変わっていく。その後、細川家との和睦により、1379年、河野通堯の子である河野通義が伊予国守護に任じられ、以後代々、河野氏が伊予国守護の職に任じられた。河野氏は、1585年（天正13年）、秀吉の四国征伐の命により出兵した小早川隆景の攻撃により降伏するまで、伊予国守護の職にあっ

45　三浦周行『日本史の研究』第1輯第3編第2章三「應永の外寇」（岩波書店、1922年）809頁、永留久恵・前掲注22・189頁。

た（⇨98頁）。

南北朝時代以降、各地の水軍は、戦時には軍として、平時には海上の秩序維持のための警固部隊として振る舞うようになり、海上支配力が強くなった水軍は、航行する船舶から通関銭を徴収する権限を当該海域の領主である守護から与えられることとなり、南北朝以降、海の領主といわれるような存在となる。

（2）　**水軍による通関銭取得権の形成史**

古代後期から中世初めの武装した運送業者としての水軍の主な収入源は、運送料および交易収入であった。これに対して、中世の南北朝時代からの水軍の最大の収入源は、船舶から徴収する通関銭となった。

通関銭の徴収が史料上表れるのは、壇ノ浦の戦いの後、南北朝時代の開始前である1196年のことである。これは国司によって徴収される通関銭であり、水軍によって徴収されるものではないが、水軍による通関銭徴収の前身となる存在である。この年に、東大寺の僧である重源の立案で、「津料」を徴収することが朝廷の許しを得て開始された。津料は、国司が港に入港する船から徴収する通関銭であり、播磨国の魚住泊（明石市魚住町所在）、摂津国大輪田泊（神戸市兵庫区所在）において、港に入る船から通関銭、すなわち、船舶の石数に応じて、一石につき1升に相当する通関銭を徴したものである。通関銭を徴収する場所は、陸上の関所に倣って、「関」と呼ばれ、これがその後、下関、中関、上関（いずれも山口県所在）など、各地に海の関所が設けられる先駆けとなった。ただし、津料は、国司が徴収して寺の普請に充てるものであり、武装した海運業者としての水軍が徴収するものではなかった（『松岡水軍史』207頁）。

続いて史料に表れるのは、中世南北朝時代、1340年、熊野水軍の一族である塩崎一族と宛先不詳者に対し、周防国竈門関（現山口県熊毛郡上関町）から摂津国尼崎の間において西国運送船・廻船等を警固し、その代償として櫓別銭100文を兵庫津で徴収する権限を与えた書状である（『海賊の日本史』134頁）。これは、水軍に警固の代償として通関銭の徴収を認めるものである。

その後、この通関銭が広く認められて、水軍の主な収入源となっていく。すなわち、南北朝時代に、各領主からの求めにより水軍が戦闘に加わること

となり、その勝利への恩賞として、領主から水軍に対し、支配海域において、警固の代償として船舶から通関銭を徴収することを認めることが広がった（『松岡水軍史』207頁）。

　中世南北朝時代以降の瀬戸内海各水軍は、連携し、航行する船舶の警固の代償として各船舶から帆別銭（船舶規模別金銭）または駄別銭（積荷量別金銭）（荷駄別役銭・駄別役銭ともいわれる）といわれる通関銭を徴収した（『海賊の日本史』135頁、『水軍誌』49頁）。1400年には瀬戸内海で3島村上水軍・河野水軍・忽那水軍の5水軍による通関銭徴収体制が整えられており（⇨107頁①）、1508年にはこれに塩飽水軍が加わった6水軍による連携に拡充されている（⇨109頁②）。当該海域は潮流が急で沈没のおそれがあり、また岩礁が海面近くまで突き出しており座礁のおそれがあることから、通関銭の徴収に加えて、水軍船の水主が船舶に乗り込んで水先案内をする「上乗り」も多く行われた（⇨63頁⑤）。

　時代は下って、南北朝時代を過ぎた中世後期の1483年の史料であるが、因島村上家に伝わる『因島村上家文書』の中に、1483年作成の家督譲渡書がある。この文書は、因島第3代当主の村上吉充から第4代当主となる村上吉直への家督譲渡書である。ここには、亀若丸（吉直）に所領（領地）のほか、札浦を譲り渡す旨が記載されている。札浦は、船舶から通関銭を徴収する浦（港）のことをいう。この史料によれば、1483年には、航行船舶からの通関銭徴収権は、家督承継の際の承継財産とされていることがわかる。

(3)　通関銭の金額および徴収手続

①　通関銭の金額

　海上警固に当たる水軍が徴収する通関銭の額は、能島村上水軍の記録「能島家根本覚書」によると、荷駄別役銭の場合、積み荷の1割に当たる金額を徴収していたとされている[46]。

②　通関銭徴収手続

　通関銭を支払った船には、「過所船旗」「過所手形」「切手」「免符」などと呼ばれる証票が渡されていた（『海賊の日本史』28頁）。海域内で他の水軍に

46　村上和馬『しまなみ物語』（私家版、2013年）26頁。

出会った場合には、この証票を提示すればさらに通関銭を求められることはない連携体制が構築された。河野氏は、ごく短期間の中断期間を除き、中世を通じて継続して伊予国守護職を務めたものであり、3島村上および忽那の各水軍は、いずれも河野氏の配下にある水軍であった。そのため、通関銭の徴収について水軍間の連携の合意をすることは、容易であったと考えられる。守護職である当の河野氏も、その親族が惣奉行となり、武装した海運業者である水軍を有しており、通関銭を得ていたとされる（『松岡水軍史』249頁）。これに加えて塩飽水軍も、1508年、能島村上水軍第2代当主村上雅房が塩飽の代官に任じられて以降、村上水軍の配下となってこの連携体制に加わっている（⇨109頁②）。したがって、史料上、連携体制に加わっていたものは、3島村上水軍、河野水軍、忽那水軍、塩飽水軍であった。このことは、史料に表れた水軍警固に関する諸事実（⇨62頁②・63頁④⑤）とも一致する。

③　過所船旗とその他の証票

　過所船旗としては、能島村上水軍のものが2件現存している。いずれも絹布製であり、これに能島村上水軍のトレードマークである「上」の文字と交付日付が墨書され、相手方の名前（厳島祝師・紀州雑賀向井）と日付を記載し、これに能島村上家当主である村上武吉が花押を自署している。この過所船旗を、能島村上家の当主である村上武吉が、通関料を支払った航行船舶に対して、海上で交付するとは考えにくい。花押は自署するものであり、これを第三者が本人に代わって記載することは許されない。また、それらの文字や花押を絹布にあらかじめ印字した過所船旗を用意できる時代でもない。過所船旗以外の証明書は現存していないが、水軍船舶が海上で通関銭を徴収したときは、水軍船に乗り込んでいる家臣から航行する船舶に対し、切手、免符等と呼ばれる書面が交付されたと推測するのが自然である。現存する過所船旗は、能島村上家を訪れた者が、例えば1年間分に相応する多額の礼銭を支払い、その証明書として村上家当主武吉から直接その交付を受けたものと考えられる。

　現存する証票が過所船旗のみであることから、「各船に過所船旗を渡して安全保証をした」と解説する書籍が多い。例えば、『水軍誌』50頁には、次のように記述されている。「能島村上氏は瀬戸内海航行の安全保証を行うと

き、署名入りの小旗を与えることが多かったようであり、瀬戸内海にはこのような小旗を持った船が頻繁に往来していたのであろう」。しかし、この記述は、過所船旗の内容が上記のとおりであることから見て、不正確である。

4　武装した海運業者としての水軍の警固能力

⑴　史料に表れた水軍の警固能力

　中世・近世の武装した海運業者としての水軍の警固能力がどうであったかを、史料に基づいて考察することとする。

①　1190年代（中世初期）

　中世初期のことであるが、1190年代の後鳥羽天皇の治世において、毛虎（蒙古）からの賊徒が瀬戸内波方浦（今治市波方町所在）に侵入して一天の騒ぎとなった際には、河野水軍を率いた17歳の河野通信がこれを鎮圧して、その武功を称えられている[47]。河野通信は、その後1218年に伊予守護職に任じられている（⇨52頁⑴）。

②　1420年（中世中期）

　南北朝時代終焉後の1420年、日本に来た朝鮮使節の日記には、「（瀬戸）内海航路に当たってたえず海上の賊徒の不安に悩まされたが、蒲刈島では7貫文で海賊衆の1人をやとって何らの不安なしにこの付近を通行できた」と書かれている。この日記には、また、瀬戸内海には東西に海賊があり、「東より来る船は、東賊1人を載せ来れば、それを西賊が害することはなく、西より来る船は、西賊1人を載せ来ればそれを東賊が害することはない」と書かれている（『海賊の日本史』25頁）。

③　1434年（中世中期）

　中世のことについて記した史料で、信頼性の高いものとして、『満済准后日記』（国立国会図書館蔵）がある。これは、足利義満の養子となって室町幕府の政治顧問を務めた醍醐寺の住職で、「黒衣の宰相」と称される満済准后が、1411年から1435年までのことを記した日記である。この日記の1434年2月3日の欄に次のような記述がある。

---

[47]　大山祇神社編『三島宮御鎮座本縁』（伊予三島縁起の項）172頁（愛媛県立図書館所蔵）。

「以飯尾大和守被仰、唐船来朝時警固事、四国海賊共並備後海賊等、各罷向小豆島辺、壱岐対馬者共不致狼藉様能々令警固」（訳：唐船来朝時の警固の事について、四国海賊や備後海賊等をそれぞれ小豆島辺りに派遣する。壱岐対馬の者共が狼藉を致さぬよう、よくよく警固せよ、と大和の守が仰せられた）（「倭寇研究」91頁）。

要するに、壱岐・対馬の賊徒が狼藉に及ばないように、大和守（室町幕府の唐船奉行である飯尾貞連大和守）が、海賊に警固を命じられたというのである。ここでいう海賊は、瀬戸内の水軍のことである。壱岐・対馬の賊徒というのは、朝鮮側から見た倭寇のことであり、そのような賊徒がいるとしても、瀬戸内の水軍に警固を命じておけば安全に航行できたのである。

④　1577年（中世末）

イエズス会日本通信中の宣教師ルイス・フロイスが本国に報告したところによれば、1577年に兵庫津（神戸市兵庫区所在）から府内（現大分市府内町）に向かっていたルイス・フロイスらの一行は、讃岐国の塩飽で「海賊の頭の僕一人」を雇い、この海賊が乗り込むことによって安全に航行ができたとされている（『海賊の日本史』26頁。原文は『耶蘇会日本通信』（駿南社、1927年））。

⑤　1581年（中世後期）

イエズス会日本年報によれば、「豊後から堺に向かっていたヴァリニャーニの一行の船が塩飽に着く前に、芸予諸島の海賊能島村上氏の者が数人乗り込んできた。乗り込んできた海賊たちは、上乗り（水先案内人）がいることを確認すると、丁寧なあいさつをして去っていった」とされている（『海賊の日本史』26頁。原文は『耶蘇会年報』（長崎市役所、1926年））。

⑥　1605年ごろ（江戸時代前期）

時代が下って江戸時代の史料を見ると、1605年ないし1610年ごろ、藩主毛利輝元から萩藩船手組頭を務める村上元武に対し、一大事であるから賊船について直ちに究明せよという命令が発せられている（『屋代島村上家文書』毛利輝元書状）。これは、水軍の高い警固能力を前提とする命令である。

⑦　1700年前後（江戸時代中期）

1700年前後に萩藩主から船手組頭である村上一学に対し、唐船が向津具（現長門市油谷向津具半島）沖に漂流しているので出動せよとの命令が発せら

れ、瀬戸内の三田尻から日本海側の向津具への出動が命じられている（『屋代島村上家文書』唐船漂来につき書状）。このころ、毛利家から村上一学に対し、繰り返し、向津に唐船が漂流しているので警固せよとの書状が届いている（『屋代島村上家文書』毛利家家臣書状、同毛利家家臣連署書状）。これによると、瀬戸内海の周防三田尻に置かれた萩藩船手組の海防範囲は日本海にまで広く及んでおり、船手組の組頭である村上家が重要視されていること、および船手組にとって瀬戸内海から下関を経て日本海に至ることがいかに容易であるかが見て取れる。

　これらは、中世以降の水軍の航海術の高さと、水軍による海上警固能力の高さを示している。中世および近世においては、武装した海運業者としての水軍は、「海賊」ないし「海賊衆」といわれて敬意をもって迎えられ、海上警固に当たったものといえる。

(2)　琉球王朝と水軍の提携

　鹿児島県から沖縄県までの間の約5000キロメートルの海上には平均20キロメートルごとに200余の島々がある。沖縄県から台湾までの約700キロメートルの海上には160余の島々がある。その島々の多くに高い山があり、水の補給が可能である。琉球王朝と各水軍との間には、琉球所属の島において水軍が水や食料の補給を自由にしてよく、その代償として、水軍は琉球王朝の船が海外賊徒に襲われた場合には、これを撃退するという盟約が存在したといわれている。一種の安全保障盟約である。その結果、中世から近世までの間に琉球王朝の船が賊に襲われたことは史料上に表れない。水軍が捕らえた海外賊徒を琉球王朝に引き渡し、しばらく後にその捕虜が琉球王朝から朝鮮や中国に返され、その措置が歓迎されて貿易に有利に働いたとの記録もある[48]。

　江戸時代の1673年、琉球国王である中山王尚貞から今治城主松平定房宛てに、琉球船を襲った賊の捕縛に関する礼状が届いており、その書簡が今治城に保管されている。中国北部の「東寧之輩（賊）」が琉球船を襲ったが、日本の水軍がこれを捕縛し、白銀300貫文を取り上げて琉球王国に下げ渡し

48　亀島靖『琉球歴史の謎とロマン(1)総集編＆世界遺産』（環境芸術研究所、2000年）86頁。

たことから、琉球国王が今治藩主にお礼を述べたものである（今治城保管文書）。これは江戸時代の出来事であるが、中世以降に築かれた琉球王朝と水軍との密接な関係を示すものといえる。

　これらの事実によれば、中世および近世においては、琉球王朝と水軍の間に相互援助関係があり、これが双方の貿易を助け、海外の賊も琉球王朝の船を襲うのが困難であったことが見て取れる。

コラム2　　　　航海と水

　江戸時代天保13年（1842年）に木版により出版された書籍に『日本船路細見記』がある。「船乗必携航海虎之巻」として書かれたものであり、水軍の航海術が余すところなく示されている。出版以来、明治28年（1895年）まで５度の改訂版が出されたベストセラー書籍である。ここに「洋にて水を取法」と題して、次のように書かれている。「米穀・塩噌は貯ふとも、貯えがたいのは水也。其の水を取法は、海の深さ50尋（約80メートル）に至れば、底は必ず真水にして塩気なきもの也。これを汲み取るには、酒樽の類いの蓋に２所の穴を空け、栓をして縄を付け、別に引上用の縄を付けて樽を海底に沈め、50尋あまり下りたらんと思ふ時、栓に付けた縄を引きて栓を抜き、樽に水十分入りたると思ふ此、樽に付けた縄を持ちて引き上ぐべし」。海洋深層水を船の飲用に用いる方法が伝授されているのである。

　続いて、島に上陸した際に水を探す方法として「鴎・鷺輩の群れ居る処か、峻岨なる山の下かを尋ぬべし」と書いている。瀬戸内の島を見て、まず感じるのは、それぞれの島が高い山を持っていることである。小さな島も山を頂く。陥没地形であることが一目瞭然である。台湾の先まで、このような島が続く。台湾には、新高山（3952メートル）を始め、富士山を超える高さの山がいくつもある。水軍は、貯蔵困難な水を島々で補給して、西へ南へと船を進めたのである。瀬戸内が国際海運を営む水軍を育てた理由は、ここにある。

　格言を一つ：「山を頂く瀬戸の島　湧き出す水に水軍育つ」

5 中世における国内の海上賊徒の実像

(1) 国内賊徒の規模

　古代の瀬戸内に日本三代実録に記載されているような大規模な海上賊徒がいたことは、最近の研究により否定されている。我が国においては、古代も今も、陸上の窃盗犯ないし盗賊が一般的に小規模なものであるのと同様に、海上賊徒も小規模な犯罪行為者であると考えられる。中世においても同様であり、国内の海上賊徒は、小規模な一般の賊徒であったにとどまった。断片的な記録であるが、海の賊徒は、武装した船や大船には手を出さず、甲冑を着けてみすぼらしい小舟に分乗し、もっぱら自衛力のない小規模な貨客船を狙う行動であったことが、室町時代である1420年の史料に残っている[49]。中世の水軍の警固能力を示す前記4(1)①から⑤までの事例を見ても、そのことが裏付けられている。海上賊徒は、古代においても、中世においても、小規模な犯罪集団であったということができ、これは現在も変わらない日本の実情である。日本三大実録にいう海賊が単なる海上賊徒ではなく、反朝廷・反国衙の、いわば政治性を帯びた集団であったことは、後述する（⇨73頁(3)）。

(2) 熊野悪党

　南北朝時代の開始前である1308年から1309年にかけて、西国ならびに熊野の浦々において「海賊が蜂起」したとの記録がある。熊野悪党のことを指すものである。熊野悪党は熊野海賊と呼ばれることもあり、中世において「海賊」が存在した事例として語られることがある。この蜂起について、鎌倉幕府は自らが鎮圧するのに手を焼き、弘安の役の後も肥前にとどまっていた河野通有（みちあり）に対し、悪党を誅伐するよう命じている。この蜂起の中心は、熊野山であったようであるが、瀬戸内の讃岐悪党といわれるものまで加わっているというのであり、尋常ではない。この蜂起の鎮圧のため、鎌倉から南条左衛門尉（さえもんのじょう）という武士が15か国の軍兵を率いて熊野に向かったとの史料もある[50]。その規模から見て、この蜂起は、財産を奪うための賊徒の蜂起ではなく、鎌倉幕府の権力行使に異を唱える勢力の蜂起であると見るべきものであ

49　杜山悠『歴史の旅　瀬戸内』（秋田書店、1972年）41頁。
50　『海賊の日本史』137頁、石野弥栄・前掲注28・3頁。

ろう。熊野水軍は、古代後期の源平合戦において、当初は源氏方と平氏方に分かれていたように、複雑な勢力関係を有していたのであり（⇨50頁②）、1300年代初めの南北朝の争いの前夜においては、このような権力争いがあっても不思議はない。これを賊徒の行為と類似するものと見て、中世にも大規模な賊徒たる海賊がいたと結論付けることは、当を得ていない。

　熊野悪党の蜂起には、瀬戸内の勢力も加わっており、河野通有は、熊野における鎮圧後、伊予に戻って讃岐悪党を鎮圧せよとの命を受けている。讃岐悪党については、正和年間（1312〜1317年）に讃岐悪党井上五郎左衛門尉大蔵房・浅海治部左衛門尉らが東寺領弓削島荘に乱入し、代官の小山弁房承誉と合戦をした記録がある[51]。弓削島や因島では、代官職にあった小早川家が年貢を横領するという問題が起こり、東寺との関係で領分争いが頻発しており（⇨102頁(2)）、年貢の横領を企む代官と対立して弓削島荘に乱入した「悪党」を賊であると決めつけることはできない。

　熊野悪党にしても、讃岐悪党にしても、南北朝前夜特有の権力関係・権力争いに基づく存在であり、いずれを賊といい、いずれを討伐側というかは、対立する権力のどちらの側に立った史料であるかによるものといえる。

51　『東寺百合文書』1324年の記述、『海賊の日本史』137頁、石野弥栄・前掲注28・3頁。

第 **2** 章

海賊と水軍

I

海賊と海上賊徒

1　問題の所在

　明治時代に西欧文化を積極的に取り入れることとしたことから、海賊の用語についても、海上賊徒を指すものとする理解が大人から子供にまで広がっている。しかし、中世の「海賊」「海賊衆」は、真実は「武装した海運業者である水軍」であり、海上賊徒とはまったく違った存在である。この点は、近世においても同じであり、海上賊徒を意味するものとなってきたのは明治時代以降である。以下には、中世および近世において「海賊」と「海上賊徒」がまったく違った存在であったことについて論じることとする。私がこの点にこだわるのは、水軍の末裔の子供たちが「海賊・盗賊・人殺し」と囃され、いじめられる現実があるからである。その最大の原因は、太閤秀吉の発した海賊禁止令にある。この中で、秀吉は、当時峻別されていた「海賊」と「海上賊徒」をあえて混同させる巧妙な修辞を用いており、それに明治以降に海賊の用語の意味が変化したことが加わって、混乱が増幅したものである（⇨116頁(2)）。

2　古代の史料に表れる「海賊」

(1)　日本三代実録にいう「海賊」

　古代前期には、海賊という用語は史料上、見当たらない。古代の史料上、「海賊」という用語が最初に表れるのは、古代後期である9世紀のことである。古代・中世の瀬戸内の歴史について実証的で精緻な研究をされている山内譲氏によれば、海賊という言葉が日本史の史料に最初に表れるのは、9世紀前半の「続日本後紀」の「承和5（838）年2月10日の条」においてであるとされている。そこには、「山陽・南海道等の諸国司をして海賊を補糾せしむ」と記載されている（『海賊の日本史』39頁）。しかし、この記載だけでは、そこにいう海賊が、武器を持った海上賊徒なのか、反朝廷勢力を表しているのか不明である。

次に出てくるのが、9世紀後半、すなわち、858年から887年までのことを記した歴史書である『日本三代実録』（編年体、全50巻）（『今治市村上家文書』35〜50頁所収）の記述である。この中の867年（貞観9年）11月の項の記述が、多数の書籍に引用されている。それが次の一節である。これは伊予海賊の初出であるとされている[52]。

　「近来伊予国宮崎村海賊群 居 略奪 尤 切　公私海行為之隔 絶 」
　　　　　　　　　　　　 ぐんきょし　はなはだしきり　　　 かいこう い これかくぜつす

　現代語に翻訳すると、「近時（867年当時）、伊予国宮崎村（現今治市波止浜町宮崎）に海賊が群居して略奪が甚だ多く、公私の航海が途絶えている」というのである。もしそうだとすれば、それは一大事であり、治安を維持する官庁である国司は、朝廷から討伐の命を受けるまでもなく、その討伐に全力を尽くす必要があるはずであるが、そのような形跡はない。『日本三代実録』のこの記述の信用性は疑わしく、以下に述べるとおり、近時の研究により、この記述の信用性は否定されている。

(2)　『日本三代実録』の信用性

　9世紀当時、伊予国宮崎村（⇨14頁地図1）を統治していた国司は、源氏方国司であり、国司の統治の実務を握っていた元国造の越智氏は、国司と密接に連携する関係にあった。その越智氏の末裔である松岡進氏は『松岡海水軍史』147頁において、次のように述べている。

　「瀬戸内海の越智水軍史のうえでは、そのようなことの有り得べき姿を見ることができないのである。……（850年）には、左右京職に五畿内諸口の群盗捜捕を令しているが、その左京職の越智広峯の支配下の土地であり、一族の居住地である伊予宮崎村一帯に群盗が出没したとは思わないのである」。

　宮崎村には、古来その梶 取 鼻に 烽 （狼煙台）が置かれており（⇨33頁
　　　　　　　　　　　 かじとりのはな　とぶひ
(5)）、当時、宮崎村を統治する立場にあった越智氏一族は、万が一にもこの地に海賊が群居するならば、総力を上げてこれを討伐したはずであって、航行が途絶するということはありえないという氏の説には、迫真性と説得力がある。

　海賊について専門的かつ精緻な研究を遂げている山内譲氏も、日本三代実

---

[52]　景浦稚桃「藤原純友と伊予の海賊」伊予史談103号（1957年）1324頁。

録の記載について疑問を呈している。「これを一読すると、瀬戸内海において海賊が跳梁し（略）、政府が海賊の追捕に躍起になっている状況が読み取れるように見える。しかし、どうもそれは事態の表面的な見方でしかないらしい」（『海賊の日本史』40頁）。山内譲氏は、瀬戸内海の弓削島荘の百姓住人たちが、弓削島にしばしば来島しては非法横行を行う国衙の官人たちに対して、粘り強い抵抗を展開している事実を描写しており[53]、同氏の指摘に基づいて考えれば、不法な略奪行為を行う国衙の官人に対する抵抗者集団のことを、統治者の側が「海賊」と呼んだ可能性は十分にあり、そうだとすれば、ここにいう「海賊」は、略奪行為を行う賊徒ではなく、権力者の不正義を訴える者たちであることになる。

　我が国の歴史上、要地における陸上・海上の交通が賊徒のために途絶させられたという事実はない。我が国においては、個人単位の小規模な盗賊ないし海上賊徒は、常に存在するものであるが、陸上の窃盗犯ないし盗賊が一般的に小規模なものであるのと同様に、海上賊徒も、一般的に小規模な犯罪行為者であったものである（⇨66頁(1)）。その我が国で、もし海上交通が途絶するような大規模な犯罪行為があるのならば、討伐の命が発せられて制圧されたはずである。当時の大和朝廷の水軍は、百済救済のために朝鮮にまで侵攻し、あるいは海外からの襲撃をことごとく討伐しているのであり、瀬戸内のこの程度の賊に手が付けられないなどということは、ありえない。『日本三代実録』中の上記記載は、この点からも信用性に欠けるのである。

　権力者の不法横暴を訴えて武力をもって抵抗する者は、単なる賊ではない。中国から見た鎌倉幕府軍（⇨56頁(2)）や朝鮮から見た応永の外寇での日本軍（⇨57頁(3)）は、いずれも「賊」ととらえられているが、日本から見れば賊とはいえない。日本にも類似の例がある。頼朝蜂起の報を聞いた京の貴族九条兼実は、その日記「玉葉」において次のように述べている。

　「謀反の賊義朝の子、年来配所伊豆に在り。而るに近日凶悪を事とし、去る頃、新司の先司を 凌 轢せり。凡そ伊豆駿河の両国を押領し 了ぬ。（中略）かの義朝の子、ほぼ謀反を企つるか、 宛 も将門のごとし」治承４年９月３

53　山内譲「伊予国弓削島荘の概観」伊予史談238号（1980年）２頁。

日の条[54]。

　ここでは、後に征夷大将軍となる源頼朝が、権力に従わないがゆえに、あたかも凶悪な賊として表現されている。

　権力者の側から見れば、これに従わず、武力をもって抵抗する者は、すべて賊なのである。三大実録にいう「海賊」を、反国衙勢力として武力を行使する者であると考えると、物事を矛盾なく説明することができる。『日本三大実録』の記載を字義どおりに解することはできない。

(3)　藤原純友の乱に見る「海賊」の実像

　『日本三代実録』において「宮崎の海賊」に記載された時期とほぼ時を同じくする10世紀前半に、伊予国の海域で藤原純友の乱が起こっている。乱が起こったのは940年（天慶３年）であり、この年、伊予国宇和郡日振島を本拠とした勢力が大規模な反乱を起こし、これが後に海賊藤原純友の乱といわれることになった。この藤原純友の乱は、古代の「恐ろしい海賊」の例として、書籍にしばしば登場するので、その実情を具体的に見てみることとする。

　藤原純友は、伊予の地を支配していた越智氏の末裔であり、越智５家中の高橋家の嫡男の立場にあり、藤原氏に入って藤原を姓としたものである（『松岡水軍史』151頁）。藤原純友は933年、当時の伊予国守藤原元名から伊予国司の 掾 （⇨25頁(2)）に任じられた。藤原元名は、藤原純友の祖父の弟の子であり、両者は一族に属する。藤原純友は、936年に国司に任命された紀淑人と相協力して国司の支配に反対する伊予国および付近の反政府勢力の平定に当たり、国衙の支配に反対する「承平海賊」といわれる2500余人の反国司集団を紀淑人に投降させる軍功を上げた。投降者は前非を悔いて刑に就いたとされている。

　承平海賊は、その規模から見て、国司による統治に反対する旧豪族勢力、特に、当時行われた国司改革としての国司の任命替えで、従来国司側にありながら地位を奪われた者、すなわち、反朝廷の集団であったと推認される[55]。当時、ほぼ時を同じくして起こった平将門の乱（935〜940年）も、国

54　永岡治・前掲注38・38頁。
55　『海賊の日本史』48頁は、小林昌二氏の説を引き、これを「前司浪人」とする。

司・朝廷と地方豪族の戦いの末の乱であり、これと同じ構造を持つ。

　藤原純友の反朝廷行動について、山内譲氏は、反国司勢力平定に主導的役割を果たしたにもかかわらず、その軍功を評価されず、これを握りつぶされたことによる反乱と見るべきと解説される（『海賊の日本史』49頁）。傾聴すべき一つの見解であるが、やや違った解釈もありうる。すなわち、藤原純友が2500余人もの反朝廷集団に前非を悔いて降伏する途を選ばせるには、相当の人間性を示して説得したはずである。藤原純友の乱は、自らが降伏者に対して約した降伏条件が、朝廷によって反故にされたことに対する怒りに基づく反乱であるとも考えられる。そう見る場合、藤原純友が、その後、反朝廷勢力を味方に付けて大規模な反乱を起こす理由の説明がつく。藤原純友の乱は、賊徒を従えた反乱ではなく、正義は何であるかを訴えて、反国司・反朝廷の多数勢力を糾合し、939年（天慶2年）に始まり、940年8月に本格化した乱であると見ることができよう。史料上の「賊」の用語が「敵の勢力」を表すものであることは、幾多の例にあるとおりである。藤原純友は、翌941年には、朝廷より純友追討の命を受けた伊予国警固使 橘 遠保により誅殺された。

(4)　史実に裏付けのない海賊論の数々

　『日本三代実録』の記述を根拠に、古代の海賊は、航行する船舶を襲って略奪をほしいままにする海上の賊徒であったとする書籍はすこぶる多い。下記はその一例として掲げるものである。

①　『伊予水軍物語』

　郷土史家で著作の多い森光繁氏は、上記の『日本三大実録』の記述を引用しつつ、次のように述べている[56]。

　「水軍の最初は単なる海上の一盗賊に過ぎなかった。それで小さい島の急潮の要害にたより一家を安定すると共に、この急潮を利用して海上に威を奮ったのである」

　しかし、すでに見たとおり、河野水軍にしても、村上水軍・忽那水軍にしても、出自は、小千氏、村上氏、藤原氏などの豪族・貴族・富裕層であり、

56　森光繁『伊予水軍物語』（今治商工会議所、1958年）24頁。

「水軍の最初は単なる海上の一盗賊に過ぎなかった」との記載は、事実に反する。この書籍のほかにも、日本三代実録の記載に基づき、史実を点検することなく水軍の出自を賊徒と決めてかかる書籍が広く世間に流布されている。

② 『伊豆水軍物語』

　同じく郷土史家である永岡治氏も、やはり『日本三大実録』の記載を引用しつつ、次のように述べる[57]。

　「もともと土地を持たず、海で生きてきた海人＝海賊は貧しい生活をしていた。彼らは勝手を知った海域で漁をしたり、荷物輸送をしたりして細々と暮らしていたが、食い詰めると海上で略奪の挙に出ることもあった。彼らにとって「海のもの」は、すべて自分たちのものであり、それらは自由に取ってよいものだというのが、彼らの論理である。魚や貝や海藻はもちろん、漂流物資や、海上を運ばれていく貢納米もまた、彼らの生きる糧なのであった。生きんがための海賊行為だから、さして罪悪感はない」

　上記の記述のどこに根拠があるのであろうか。河野水軍にしても、村上水軍・忽那水軍にしても、出自は豪族や由緒ある家柄であり、同氏の記述する出自は事実に反する。同氏は「あとがき」で、次のように述べている。「多くの資料文献に当たったが、依拠するに足りるいわゆる確定史料はあまりなかった。私は地元の伝説や（中略）軍記物語に記述されたところを拾い集め、これに数少ない鑑定史料をつなぎあわせて考証していく方法をとった」。ここにいう伝説や軍記物に事実に裏付けのない推論が数多く含まれていることは定説であり、これらをつなぎあわせるというのは乱暴である。また、鑑定史料が何を意味するのかも不明である。

　船の積み荷の領得については、慣習法としての海事法がある。中世に広く行われていた寄船慣行である。寄船とは漂流船のことで、寄船慣行というのは、漂着船やその積み荷は、船が破損、難破して漂着船となった時点で「無主」の存在となり、漂着地の所有物となるという慣習法（無主物先占の法）である。このような慣習法の存在を考慮すると、史料に表れる行為は、略奪

57　永岡治・前掲注38・23頁。

ではなく、慣習法に則った行動ともいえるのである（『海賊日本史』86頁）。「他人のものは自分のもの」という俗説を引いて当該行為を横領行為と断定する前に、冷静な慣習法の考慮も必要である。

③ 『江戸考証読本（二）』

著名な時代考証家である稲垣史生氏は、『江戸考証読本（二）』において、次のように述べる[58]。

「とはいえ南北朝の動乱以来、そのけじめ（編注・水軍が殺戮をしないこと）も怪しくなってきた。海賊が水軍に化けていたり、水軍が戦に無関係な村々を襲い、金品や女を略奪するようになった」

ここに書かれている水軍像、すなわち、「南北朝の動乱以来、水軍が戦に無関係な村々を襲い、金品や女を略奪するように変化していった」という記載も史実に反する。そのような事実が史料に表れたことはない。南北朝時代以降においては、水軍の通関銭収入が巨額となり、その権益を確保している水軍が、戦いに無関係な村々を襲ったり、金品や女を略奪する必然性はまったくない。では、なぜこのような史実に反する記載を著名な時代考証家がしたのかというと、「南北朝の動乱以降に村々を襲い、金品や女を略奪するようになった」というのは、倭寇の活動からの推測に基づくと思われる。しかし、倭寇の襲撃の実情を記載した史料としては、朝鮮や中国の記録があるのみで、日本には存在しない。しかも、その後の調査の結果、当時倭寇と称して中国・朝鮮の村々を襲った集団は、朝鮮人または中国人であり、それらの者が日本人を装って略奪行為を働いたものであるとの研究結果が公表されており、現在の定説になっている（⇨80頁）。水軍が倭寇として朝鮮や中国の村々を襲ったというのは史実に反する。水軍が倭寇として「戦に無関係な村々を襲い、金品や女を略奪した」とするのも史実に反する。

『日本三大実録』や倭寇の記述から想像を膨らませ、あるいは根拠のない前著の引用に基づいて、「水軍は元は盗賊・強盗であった」とか、「水軍は金品や女を略奪してきた」などと書く書籍は、このほかにも極めて多い。それが子供にまで誤解を植え付けているものといえる。

58　稲垣史生『江戸考証読本（二）』（KADOKAWA/中経出版、2015年）40頁。

3　中世・近世の「海賊」と近・現代の「海賊」の比較

　中世・近世の史料に表れる「海賊」「海賊衆」は、航海術・武術・戦時能力に長け、海上警固・海運業・貿易を営む能力のある職能集団を意味し、特別な専門性を持つことから尊重される存在である。

　しかし、明治時代になって、明治政府が西欧文化を積極的に取り入れたことから、海賊の用語についても、海上賊徒を指すものとする理解が大人から子供にまで広がり、今や、海賊というと、カリブの海賊やピーターパンのフック船長のような海上賊徒であるとする理解が定着している。確かに、西欧のどの国においても、海賊というと海上賊徒のことであり、世界各国の海賊について詳細に論じた研究書を繙いても、海賊というのは、日本以外では、いずれの国においても、武装して海上で船を襲う賊徒のこととされている[59]。中世や近世の日本で使われたような海上警固勢力の意味で海賊の用語を使う国は、日本以外には見当たらない。日本では、中世・近世の「海賊」「海賊衆」は、「武装した海運業者である水軍」であり、海上賊徒とは、出自・収入・業務ともまったく異にしている。しかも、日本においては、他国のように、海上賊徒が武装軍団を構成するという事実もない。明治時代以降に、子供たちにまで広まってきた誤解が払拭されることを、切に願うものである。

4　通関銭を支払わない船舶への攻撃は海賊行為か

　海賊に関する誤解の一種に、通関銭の強制徴収は海上賊徒行為であるとする見方がある。通関銭を支払わない船舶を攻撃することは、海上賊徒による強奪行為であるとする見方である。武装した海運業者としての水軍は、通関銭の支払を拒む船に対しては、秩序維持に従わないものとして攻撃を加え、その攻撃は熾烈であることが、文献に表れている。これは海上賊徒の行為なのであろうか。

　一つの見方は、これを海上の賊徒による海賊行為ないし強奪行為ととらえ

---

[59]　世界の海賊行為を分析したものとして、飯田忠雄『海賊行為の法律的研究』（海上保安研究会、1965年）の大著がある。

る。前出の稲垣氏は、次のように述べる[60]。

「守護や豪族の水軍自体、大して海賊と変わらなかった。瀬戸内海や伊勢湾など、海の要衝をおさえる水軍は、通航船の護衛や水先案内と称して、多額の金品を徴収していた。これが彼らには唯一の財源である。もし通航船のほうで出し渋ると、矢を射かけ、接舷して強奪した。これでは海賊と紙一重の差で、やたらに殺戮しないだけである」

これは、水軍による通関銭の徴収を強奪行為と見る見解である。しかし、武装した海運業者としての水軍が徴収する通関銭は、領主の承諾の下に徴収権限を取得し、この権限に基づいて徴収するものである。通関銭の徴収は、当時の航海情勢と通関料の役割を考えると、安全迅速な航行のための警固への対価としての金銭の徴収であり、それを支払わない「密輸行為」は、制裁の対象となって当然ともいえる。これは強奪行為とは区別すべきものである。

もし、これを強奪行為というならば、本州四国連絡高速道路株式会社がしまなみ海道の通行料を取得することも、強奪行為であるといわなければならないはずである。また、積み荷を載せた船舶が通関料を支払わないで積み荷を海外から国内に搬入することは、法律に照らせば密輸に該当するが、密輸を摘発した場合には、懲役刑その他の重い刑罰を科することとなっている。しかし、密輸の摘発と処罰を強奪行為という者はいないであろう。

当時の通関銭の徴収が法令に基づいていないことをもって、海賊行為ではないかという意見があるかもしれない。しかし、何を法というかは時代によって異なり、中世および近世においては、領主の指示は法に匹敵し、領主による通関銭徴収の承認は、法による承認と同等の効力を有した。現在は、租税を課するのに法律の定めを要するが、この租税法定主義（憲法84条、明治憲法62条）は、単に近代法の原則にすぎない。

60　稲垣史生・前掲注58・40頁。

　今治市波方町宮崎地区（⇨14頁地図1）に「おかしらの館跡」といわれる場所があり、ここに海賊の首領が住んでいた住居があったと立札に書かれている。いつのことかは書かれていない。館跡は、狭い丘の中腹の狭い敷地内にあり、瀬戸内海の航行を途絶させるような首領がここにいたとは、到底思えない。日本三大実録の海賊をイメージした創作であろう。

　塩飽諸島近くの女木島は、鬼ヶ島といわれる島である。私たちは、小学校の修学旅行で四国の国都、高松を訪れた際に、心躍る思いで小船に分乗してその島に渡った。着いて少し丘を上ると、そこに大洞窟がある。昔、ここが海賊の根城だったという。紀元前100年ごろ、弥生時代に作られた洞窟とある。子供たちはみな、桃太郎伝説を信じていて、ガイドさんの説明に胸躍らせた。その後、長じてから歴史を繙くと、紀元前100年には海の交通がほとんどなく、この島で海賊を開業しても商売にならないことがわかった。

　江戸落語の見世物小屋の小咄に「六尺八寸の大イタチ」というのがある。木戸銭を払って入ってみると、大きな板が立て掛けてあって、そこにどす黒い血らしいものが付いている。「大イタ（板）チ（血）」である。隣の屋台で「ギャンブルで決して負けない方法」という本を売っている。興味津々、買って帰って読んでみると、あれこれあって、最後に、「ギャンブルで決して負けない方法はギャンブルをやめること」と書いてあった。おあとがよろしいようで。

　格言を一つ：「売り口上　誘いに釣られて騙される」

II

海賊と倭寇

1 倭寇に関する研究の現在の到達点

　室町時代に、海上賊徒である倭寇（わこう）が、東アジアにその名を轟かせた。倭寇については、「中国・朝鮮の沿岸部を襲った日本の海上賊徒である」とする書物が多数に上り、その中には、「倭寇に村上水軍が関与していた」という見解もある。

　しかし、倭寇が日本の海上賊徒であるという説明は、中国・朝鮮の史料によるものであり、日本には史料がほとんど存在しない。日本における近時の研究においては、倭寇は、14世紀後半から15世紀前半までの前期倭寇と、16世紀の後期倭寇とに分けて論じられている。この研究において、14世紀南北朝前後の前期倭寇は朝鮮人が中心であり、16世紀室町時代の後期倭寇は中国人が中心であったとする調査結果が明らかにされている。

　最近の研究結果に、秦野祐介氏の「倭寇研究」がある。この論文は、倭寇に関し、従来の文献を仔細に検討しつつ、倭寇が日本人であるかどうかに特化して研究したものである。この論文には、従来の学説が引用されているので、現時点での倭寇研究の到達点について認識するのに役立つ。海賊や倭寇に関する最近の研究について簡潔にまとめられている山内譲氏の『海賊の日本史』92頁以下も、実証的・客観的な記述であり、明快でわかりやすい。

　これらの研究により解明された事実の概要は、次のとおりである。

　前期倭寇については、従来学説上の対立があったが、近時においては、高麗に関する『高麗史節要』や李朝朝鮮の『李順蒙上言』その他の史料分析により、高麗人が主力であったと結論付けられている（「倭寇研究」82頁）。倭寇の八幡幟（ばはんのぼり）その他の日本を示す旗印も、ことさら威迫を目的とした可能性があり、朝鮮の史料には着物等を日本風に偽装した例もある。

　前期倭寇が高麗・朝鮮人が主体であったとする考え方に異を唱えるのは、韓国の一部研究者である（「倭寇研究」82頁）。そこでは、「倭寇への高麗・朝鮮人の関与という記述は日本の犯罪行為を隠蔽するものである」と主張され

ている。これは根拠を示さない政治的主張であって、学術的見解とは言い難い。

　後期倭寇については、双嶼諸島を中心とする中国南部の多島海を本拠とする海上勢力を主力としていたというのが『明実録』のころからの考えであり、また、明代末の『籌海図鑑』にも、倭寇の主体は中国人であるとされており、近年では、その主力が中国人であったということに異論はない（「倭寇研究」79頁）。

　日本に関する史料を集めた明代中国の史料として、『日本一鑑』（全16巻）がある。この中には、後期倭寇の頭目に王直という人物がおり、この人物は、平戸を根城として2000人余りの中国人・日本人の部下を率い、毎年のように中国沿岸を荒らしまわったとされている。この史料によれば、王直は中国人であり、明国側にも著名であり、後に明国で捕らわれて処刑されている。中国人の部下となった日本人とはどんな存在かについて、次の史料が参考になる。

　コスメ・デ・トレスの日本に関する報告書には、「かの薩摩国は非常に山が多く、したがって元来貧乏で、食料品の供給を他に仰ぐよりほかに途がない。この困難を除くために、その国の人々はずっと前から八幡（倭寇のこと）といわれるある職業に携わっている」と記載されている[61]。この記述は、奄美島人が侵攻した長徳の入寇（⇨45頁(5)）の状況とも一致する。中国人の配下に、中世の朝廷・幕府の権力に服しきらない一部の薩摩国島嶼部の者が加わっていた可能性があることを示す、一つの史料といえる。

2　倭寇に関するいくつかの論点

　真の倭寇の姿が表れるのは、応永の外寇である（⇨57頁(3)）。李氏朝鮮が倭寇の根拠地を叩くとして朝鮮軍を侵攻させた応永の外寇において、実際に倭寇が捕られた事実がないのである。

　中世において、明や李氏朝鮮から室町幕府に対し、倭寇の被害を受けているので本国である日本で倭寇を取り締まってもらいたいとする書状がたびた

61　松下志朗ほか『鹿児島の湊と薩南諸島』（吉川弘文館、2002年）87頁。

び届いている。室町幕府は、これを利用して、倭寇を一部取り締まったかのような報告をしたが、これは、倭寇取締りを理由に、室町幕府が明との間の貿易を有利に運ぼうとした策であると解されており、中世において、現実に日本の賊徒が朝鮮や中国の沿岸部を襲ったという日本の史料は見当たらない。

いずれの観点から見ても、倭寇が日本の賊徒であるとする説は、今日、その真実性が問われるようになっている。倭寇は日本の賊徒であるとする朝鮮・中国の史料に基づく見解は、事実に立脚していないものといわざるをえない。

3 倭寇と村上水軍を結び付ける書籍の存在とその問題点

(1) 根拠を示さず村上水軍が倭寇であったとするもの

何の根拠も示さず、倭寇と村上水軍の関係を肯定したものとして、次のようなものがある。この類の書籍は少なくないが、代表的なものとして取り上げるものである。

「彼等（海賊衆）は南北朝の乱れに乗じて大いに活躍するが、ついに朝鮮・中国沿岸にまでも半賊半商の姿となって進出した。いわゆる倭寇である。この海賊衆の中でも、因島・能島・来島の3島を中心に芸予海峡の入口を固めて島の村々を従えた村上海賊衆が内海の中央部を占め一番勢力が強かった」[62]。

この記述のうち、村上水軍が水軍の最強勢力であったことは事実であるが、それと倭寇を結び付ける記述には何の根拠も示されていない。編纂者は「広島史学研究会」であり、歴史を専門的に研究している外観を持っているかに見える点が、なおさら問題である。

(2) 何の史料もないが倭寇と推測できるとするもの

問題のある微妙な言い回しをしているものとして、次のように記述する書籍がある。

「明代の記録「両朝平壤録」には、『凡行師倭中野島人先之』と記されているが、いま野島を能島と大胆に推断すると、三島村上水軍が、倭寇の先鋒と

---

62 広島史学研究会『私たちの町と村の歴史─広島県郷土社会史』（増田兄弟活版所出版部、1950年）56頁。

なって、中国沿岸に寇したといえるのではなかろうか。われわれはこのような推察を下すだけで、すべては謎に包まれていて知るすべもない。しかし、現在芸予叢島や内海沿岸にある水軍の古城砦付近の海浜や山野から、船載の銅鏡や宋・明の中国銭が多数発見されることは、水軍城砦に根拠をおく水軍たちが、少なくとも平和的か暴力的かいずれにせよ、内海島嶼と大陸半島との間に、通商貿易をおこなっていたという証拠になるのではあるまいか」[63]。

　ここでは、村上水軍が倭寇であったとする史料は何もないことを認めながら、水軍城から船載の銅鏡などが出土したというだけで、3島村上水軍が倭寇であった可能性があると推論しているのである。比喩的にいうと、「有罪」の証拠はないが、有罪・無罪両説が考えられ、無罪ともいえないのであるから「有罪と推認できるのではないだろうか」と論じていることになる。これが『愛媛県の歴史』と銘打った著名な書籍中の記載であれば、それが世にどれほどの効果を及ぼすかを考える必要がある。当時の水軍は、高価な銅鏡を輸入してくるだけの財力を有していたのであり（⇨153頁②）、銅鏡が水軍城の遺跡から出たというだけで、これを強奪した可能性があるとするのは論理の飛躍も甚だしい。

(3)　誤解に基づいて倭寇と推論するもの

　朝鮮側の史料に「三島倭寇」の記載があることに敏感に反応して、誤解に基づき、想像を逞しくする書籍もある。この書籍では、朝鮮史料に「三島之人及博多人」とあるのをとらえて、三島之人→三島水軍→三島村上水軍と推論を進め、「これらの三島水軍（3島村上水軍）は、主として食糧を狙った」と述べている（『松岡水軍史』281頁）。

　海賊について専門的かつ緻密な研究を遂げている山内譲氏は、「三島倭寇」について、次のように述べている。「朝鮮の史料には、しばしば「三島の倭寇」と記されている。三島とは、対馬・壱岐・松浦のことで、ここが倭寇の根拠地であるというのが朝鮮側の認識であった」（『海賊の日本史』92頁）。明快である。

　つまり、三島倭寇というのは、対馬島・壱岐島・松浦島の3島に巣食う倭

63　田中歳雄『愛媛県の歴史』（第2版）（山川出版社、1986年）83頁。

寇の趣旨であり、満済准后日記（⇨62頁③）に記載された朝鮮の認識にも一致しており、また、1419年の応永の外寇において、倭寇の本拠地を襲撃するとして、李氏朝鮮の正規軍を対馬に派遣したこととも一致する（⇨57頁(3)）。この襲撃で、朝鮮側はついに倭寇を発見することができなかったのである。

　これに対して、上記の『松岡水軍史』では、三島を能島・因島・来島であると誤解し、三島倭寇は3島村上水軍と同義であると解するのである。しかも、3島村上水軍には十分な財力があるのに、なぜ「主として食糧」を狙うのかの根拠も不明である。誤解に基づき村上水軍倭寇説を唱えた例として掲げる。

　以上に見たように、倭寇と村上水軍を結び付ける見解は、断片的で不確かな史料上の記載に基づいて、恣意的な推論を重ねるものである。信用性に大いに問題があり、慎重に閲読することが必要であろう。

第 3 章

村上水軍の成立と勢力の拡大

I

前期村上水軍の成立

1　村上水軍成立の舞台および年代

①　村上水軍成立の舞台

　瀬戸内海には、西国から京に向かう3航路である安芸地乗（北岸航路）、伊予地乗（南岸航路）、沖乗（中央航路）がある。村上水軍が成立する舞台となるのは、そのうち、伊予地乗と沖乗の二つの航路の入口である来島海峡（来島・大島間）、鼻栗瀬戸（伯方島・大三島間）、船折瀬戸（伯方島・鵜島間）という潮流の急な3海峡がある場所である。ここは西国から都に向けて、米穀・塩・布等を運搬するのに重要な航路であるが、急流と海中の岩礁のため航行が困難で、難破するおそれが高く、高度な操戦術を備え、潮の流れの変化と潮待ち場所を熟知し、海中の岩礁について熟知していることが不可欠な場所である。

②　村上水軍の成立年と初代当主

　村上水軍が成立したのは1070年ごろであり、その初代当主となったのは村上仲宗である（⇨36頁(2)）。村上水軍は、一般に、村上師清の出現の前後で、前期村上水軍と後期村上水軍に分けて論じられており、村上仲宗が興したのが前期村上水軍である。村上仲宗は、源頼義の弟である源顕清（陸奥守）の子であり、源頼義の甥に当たる。源頼義は、この当時伊予国守を務めており（1063年任命）、村上仲宗に村上水軍を立てさせたものといえる[64]。伊予国守である源頼義は、河野水軍の河野（越智）親経の助力を受けて伊予国を統治しており、村上水軍の創設は、河野水軍をビジネスモデルとしたものといえる。村上仲宗は、河野水軍に遅れること300年にして、これに倣って、叔父である伊予国司源頼義の庇護の下に村上水軍を興したものであり、村上水軍は、創設の当初から河野水軍の配下の一水軍であったものといえる。村上仲宗は越智郡大島を本拠とし、その属島である中渡島、武志島に水軍城である

---

[64]　白石成二・前掲注10・24頁、『松岡水軍史』179頁。

中途城（鳴河図城）および務司島城を築き、河野水軍当主河野親経の配下として、筑前守の官途を得て、武装した海運業者である水軍の営みを開始したものである（『松岡水軍史』179頁）。村上水軍初代当主となった村上仲宗は、水軍創設の経緯から見て取れるとおり、河野水軍を範として、越智大島を拠点に海運業を開始したものである。

　この当時、租税または荘園の産物である米・塩などを瀬戸内海を通じて都に運送する必要性が高まっており（⇨34頁(1)）、村上水軍は、河野水軍の隊列に加わったものといえる。

2　第2代当主以下の波乱の展開

①　第2代当主顕清

　前期村上水軍の第2代以下の当主は、困難な時代を過ごすことになる。初代村上仲宗の子である第2代当主村上顕清は、兄村上三河守惟清が天皇家武蔵野行実を傷つける罪を犯し、この罪に連座して、1094年、瀬戸内を追われ、信濃国更級郡村上郷に配流され、顕清は信濃において信濃村上家を立てた。信濃村上家の末裔である甲斐雨宮家の系図によれば、信濃村上家の始祖は村上顕清であるとされており[65]、顕清から数えて23代後となる村上家国（摂津守）は、1500年ごろ（明応年間）、信濃より甲斐に移って雨宮家を立て、初代当主となっている。甲斐雨宮家の現当主である雨宮智美氏は、2018年、第21代当主である雨宮東氏を承継して第22代当主となり、雨宮神社と雨宮家を牽引している。この地には御神事踊り（1981年国指定重要無形民俗文化財）が承継されている。

　村上顕清の信濃配流と同時に、顕清の嫡子である村上宗清は淡路島に、弟である村上定国は新居大島（現新居浜市大島）に配流された（『松岡水軍史』188頁）。

②　第3代当主定国

　兄顕清の信濃配流の後を受けて、村上水軍第3代当主となった弟の村上定国は、配流された新居大島において、海運業を営んで島の信頼を固めた。こ

---

[65]　松浦儀作『因島村上と青影城趾』（因島市青影刊行会、1958年）中の「因島村上系譜」も同旨を述べる。

こでいう海運業は、当時の治安状況から見て、武装により航行の安全を図る海運業である。村上定国は、武家である村上家の出身であり、武術にも優れていたと考えられる。

③ 第4代当主清長

村上定国の嫡子である村上清長は、第4代当主を承継し、新居大島から瀬戸内航行の要衝である讃岐国塩飽島（現丸亀市本島）に進出し、1140年ごろここで海運業を起こした。ここにいう海運業も、武装により航行の安全を図る海運業である。村上清長は武家の出身であり、次に述べる源平合戦での戦いぶりを見ても、武術に秀でていたと考えられる。この水軍が塩飽水軍の始めであった可能性が高い（⇨40頁(4)）。清長は讃岐守の官途を得ており、このことも塩飽島での功績を推測させる。清長は、1159年の平治の乱に際し、塩飽島から父祖の支配地である越智大島に進出した（『松岡水軍史』188頁）。

清長が越智大島に本拠を移した後に源平の戦いとなり、清長は村上水軍を率いて河野水軍に従い、源氏側の水軍として戦功を上げた。これによって、清長は越智大島での支配を確実なものとし、父祖の城である中途城、務志島城に加えて、越智大島南部の亀老山に隅嶽城を築き、ここを居城として、初代村上仲宗が拓いた前期村上水軍の勢力を拡大した。武装した海運業者としての活動と、苦難を乗り越えて復活を図る底力は、村上水軍の歴史の中で培われた力であり、村上水軍経営哲学の中に伝統として刻み込まれているものといえる。

④ 第5代当主頼冬

清長の嫡子である村上頼冬は、船手の棟梁として、操船に加え、武術にも優れており、村上水軍第5代当主として、河野水軍の配下で越智大島における水軍の陣容をさらに拡大した（『松岡水軍史』188頁）。しかし、頼冬は、1221年の承久の乱において河野水軍が北条鎌倉幕府軍と戦った際に、村上水軍を率いて河野水軍に従い、北条鎌倉幕府軍と戦い、河野水軍と共に敗退した。頼冬は、敗戦により越智大島を追われ、第3代当主村上定国がかつて村上水軍の本拠とした新居大島に戻ったと推測される。頼冬は、1238年に逝去している（『松岡水軍史』863頁）。

承久の乱において、同じく河野水軍に従って北条鎌倉幕府軍と戦った紀氏

は、敗戦により伯方島を追われ、居城である木浦城は落城した（⇨54頁③）。

⑤　第6代当主頼久

　村上頼冬の嫡子である村上頼久は、河野家からの養子であり、頼冬の跡を継いで村上家第6代当主となったが、頼久が越智大島の支配を回復したのかどうかについては史料がない。しかし、1221年の承久の乱により河野水軍当主である河野通信は奥州に配流されており、その弟を父に持つ頼久が、河野水軍の後ろ盾がない中で、越智大島の支配を回復したものとは考えにくい。頼久は、新居大島の地にとどまったものと考えられる。頼久は、1281年、第2次元寇である弘安の役に河野水軍河野通有に従って出陣し、通有が華々しい戦果を上げた同年、自らは戦死している（⇨57頁(2)）。

⑥　第7代当主頼泰

　「清和源氏流村上氏系図」[66]によれば、村上水軍第7代当主は村上頼泰とされており、これを否定するような史料はないことから、頼泰が前期村上水軍第7代当主であると考えられる。頼泰が第7代当主となったのは、第6代当主頼久が弘安の役で逝去した1281年であると推測されるが、頼泰については、所業に関する史料が乏しく、逝去年も不詳である。

⑦　第8代当主義弘

　第8代当主が誰であったかであるが、「亀岡村佐方村上家系図」（『松岡水軍史』802頁）は、第8代当主が村上義弘であるとしている。佐方村上家については、後に述べる（⇨167頁）。これに対して、『吉海町誌』93頁および前記⑥「清和源氏流村上氏系図」においては、第7代当主頼泰の後の第8代当主として、村上頼員が家督を承継したと表示されている。しかし、義弘の逝去年が1340年であること（⇨91頁②）および義弘の業績（⇨93頁(2)）に照らし、義弘は相当期間当主であったと考えられることからすると、義弘は1300年ごろまでに当主を承継したと考えざるをえない。そうすると、頼久が逝去した1281年から義弘が当主となった1300年ごろまでの間に頼泰・頼員の2人の当主があったことになり、不可能とまでいうことはできないものの、かなり無理がある。したがって、第8代当主は義弘であると推認するのが適当で

66　鵜久森経峯「伊予水軍と能島城趾」（能島史蹟保勝会、1939年）所収。

あり、村上義弘は、1300年ごろ、村上頼泰の後、第8代当主となったものと認められる。

系図4：前期村上水軍系図

源頼信（鎮守府将軍）┬**源頼義**（伊予守）
└**源顕清**（陸奥守）─**村上仲宗**（初代、筑前守）─**顕清**（2代、信濃配流）─**定国**（3代、越後守、顕清の弟）─**清長**（4代、讃岐守、源平合戦）─**頼冬**（5代、承久の乱で敗戦）─**頼久**（6代、弘安の役で逝去）─**頼泰**（7代）─**義弘**（8代）─**村上師清**（後期村上水軍初代）

年表2：前期村上水軍年表

1070年ごろ	伊予国司の甥である村上仲宗が越智大島において村上水軍を興す
1094年ごろ	第2代当主顕清は信濃に配流。嫡子定清も淡路に、二男の第3代当主定国は新居大島に配流
1159年	第4代当主清長が平治の乱のこの年、塩飽島から越智大島に復帰
1185年	第4代当主清長がこの年、源平合戦で源氏方に付いて戦う
1221年	第5代当主頼冬が承久の乱で河野家に付き、敗戦。村上家新居大島へ
1281年	第6代当主頼久が弘安の役で河野通有に付いて戦い、戦死。第7代当主に頼泰
1300年ごろ	義弘（三郎、左衛門尉）第8代当主となる。越智大島に再復帰
1340年	義弘逝去
1342年ごろ	師清が義弘の後継となり、後期村上水軍を興す

3　村上義弘による今治海域への再進出

(1)　村上義弘の存在を裏付ける史料

　前期村上水軍史において最も注目されるのは、前期村上水軍第8代当主、村上義弘である。義弘は、近世の史書などで、南朝方の水軍統率者として目を見張る活躍をした英雄であるかのように扱われたため、その所伝の食い違

いや年代の矛盾を突かれ、実在するかどうかまで疑われるようになった。例えば、『伯方町誌』264頁は、義弘の存在を立証できないとして、その存在を否定する。しかし、軍記物その他の史書で、先代・後代の話まで全部一人の功績にして褒め称えるのは、現代の講談や歌舞伎においても同様であり、そうだからといって、義弘の存在まで疑うのは行きすぎている。これを史料に即して見てみることとする。

① 萩藩閥閲録

義弘に関する信用性の高い史料として『萩藩閥閲録』がある。これは、萩藩内の各家が萩藩からの求めに応じて、各家の家譜について報告した公式文書であり[67]、『萩藩閥閲録』（巻22之2）村上図書記によれば、「北畠顕家の嫡子である従五位上式部大輔師清は、（中略）清和源氏末裔村上三郎左衛門尉義弘の居城である予州能嶋務司之城へ討ち入りて之を取り、これより師清は北畠姓を改め、村上山城守師清と号した」とされており、ここに村上義弘の名が挙げられている。

② 菩提寺保存史料

大島にある村上家菩提寺・高竜寺（今治市吉海町所在）に保存されている能島村上家系図には、村上義弘について、1340年（暦応3年）逝去とある。『予陽河野盛衰記』にも同年死去と記載されている。一方、因島村上家の因島における菩提寺である金蓮寺（尾道市因島中庄町所在）の村上義弘の位牌には1350年死亡と記載されており、両逝去年が異なっている。しかし、義弘の位牌のある金蓮寺は、江戸時代中期に荒廃していたものを江戸時代後期に再興したものであり、位牌も再興の際に再製されたと推測される。一方、村上家菩提寺・高竜寺に保存されている能島村上家系図の1340年との記載については、『萩藩閥閲録』『予陽河野盛衰記』の記載に合致する。村上義弘は1340年に逝去したものと推認される。

なお、義弘の逝去年について、『予陽河野家譜』（愛媛県立図書館蔵）は1365年（正平20年）とし、また、1394年とする説（広島高等師範藤岡継平氏の説）もある。これらは、『予章記』の記述、すなわち、義弘が1365年に懐良

67　『萩藩閥閲録』は、江戸時代の萩藩資料集である『萩藩譜録』を山口県文書館が1967年に出版した際の書名。

親王を九州に送り届けたとの記述（⇨後記⑤）に基づくものである。しか
し、義弘の逝去年に特化して実証的に分析した「村上義弘の没年と今岡家
系」と題する論文[68]にあるとおり、義弘の逝去年は、1340年または1350年で
あると考えるほかない。また、「贈正五位村上義弘傳」と題する論文[69]にお
いても、1364年逝去説については義弘がそこまで生存することは考えにく
く、「甚だ訝しむべきことに属す」とされている。1394年逝去説に至って
は、義弘は100歳を超えて生存したことになり、論外であろう。

③　東寺百合文書

伊予弓削島にも荘園を有していた東寺の日々を記した『東寺百合文書』
の中には、「正応五年（1292）十月十四日、去年弓削御年貢、去正月十日の
比、淀大渡り北橋の端に着き候、備後弥源次、村上三郎はこれに付きい而、
俵数百九十、直銭一俵別に二百文云々、七条坊門増屋商人之を買取り、両三
日経るの後、直銭一俵別四百文に之を売るの由、これを申す」とあり、海運
に前期村上水軍が深く関わっていたことが記されている（『松岡水軍史』244
頁）。村上三郎とは、年代から見て、家督を承継する前の村上義弘（幼名三
郎）のことと考えられる。

④　義弘の娘と顕長の婚姻の史料

伊予の守護職にあった河野家において15世紀に編纂された『予章記』に
は、顕長（師清の二男）の妻は義弘の娘との記載がある。屋代島東義介文書
「三島伝記」にも同旨が記載されている（『松岡水軍史』278頁）。また、因島
村上家には、護良親王の村上義弘に対する令旨が伝わっており（⇨後記
⑵）、このような重要な令旨が因島村上家に存在することは、義弘と因島村
上家との密接な関係を示すものであると考えられている。

もっとも、この説には戦前期に有力な反対説があった。すなわち、「義弘
事績再検討」2頁によれば、当該令旨の宛名である「村上治部太夫」が誰で
あるかは確定できないという。この説は、村上水軍として因島に初めて足跡
を残したのは村上顕長であるとする考え方をとる（「義弘事績再検討」58頁）。
しかし、その認識が史実と相容れないことは、後に述べる（⇨94頁）。現時

68　野崎茂太郎「村上義弘の没年と今岡家系」伊予史談50号（1927年）761頁。
69　景浦稚桃「贈正五位村上義弘傳」伊予史談20巻（1920年）1090頁。

点では、ここまでの懐疑説は採用し難い。

⑤　河野通堯の護送に関する信用性のない史料

　『予章記』の中の今岡陽向軒手記と呼ばれる部分には、村上義弘は、1365年（貞治4年）、伊予国を支配していた河野通堯が北朝方細川頼之に攻め込まれたときに、通堯を軍船に乗せて九州の征西将軍懐良親王の許に送り届けたと記されている（『海賊の日本史』142頁、『水軍誌』15頁）。しかし、村上義弘は、1340年に逝去している（前記②）のであり、1365年当時には生存していない。『予章記』の当該記載は、村上義弘と村上師清とを取り違えたものと考えられる（⇨98頁）。

　以上の史料によれば、信用性に欠ける史料もあるものの、村上義弘が実在する人物であり、前期村上水軍を率いた当主であることが認められる。その活動年の正確なところは明らかでないが、村上義弘は、1300年ごろ前期村上水軍の当主となり、1340年に逝去したものということができる。

(2)　村上義弘の行動とその評価

　史料からすると、村上義弘は、新居大島を本拠としたものであるが、その後、本拠地である新居大島から越智大島に本拠を移し、越智大島の属島である武志島の務司島城および中渡島の中途城（鳴河図城）を築いて、ここに本拠を移し、初代および第4代当主が本拠とした地を回復したものと認められる（『松岡水軍史』277頁）。越智大島に移った時期は、南北朝時代の前である1300年ごろという以外には、年代を特定する確実な史料はない。当主となって何年後なのかも不明である。

　義弘は、1333年、伊予の官軍土居氏・得能氏等と行動を共にし、長門探題北条時直の上洛を備後鞆にて支えて第一の勲功を立てたとされている。1333年というと、後醍醐天皇が反幕府の軍勢催促状を発し、日本各地で南朝と北朝に分かれて戦う南北朝時代が1336年に始まるその直前であり、足利尊氏が後醍醐天皇の側に付いて幕府と対立し、鎌倉幕府の崩壊後には後醍醐天皇と対立するという不安定な政治情勢の真っ只中にあった時期である。この年、義弘は、後醍醐天皇による倒幕の軍に加わり、六波羅攻めに参加し、その功により、後醍醐天皇の皇子である護良親王（称号は大塔宮）より令旨を得たとされている（「義弘事績再検討」13頁）。この令旨によれば、義弘はたびた

びの合戦において捨身で軍功を上げ、当年4月の合戦時には、子息など一族を討ち死にさせることもあり、その軍功に恩賞を与える旨が宣されている（『因島村上家文書』大塔宮護良親王令旨）。「義弘事績再検討」は、上記令旨が義弘に宛てたものであるかどうかは確定できないとするが、この説は、現時点では採用できない（⇨92頁④）。

　義弘は、務司島城を築いた越智大島のほか、因島の南西部にある土生にも長崎城を築いて根拠地としている（⇨155頁地図4）。これに加えて、義弘が因島中部の中庄（現尾道市因島中庄町）に青影城を築いて居城としたとする説があり、この説を記載した上、1919年（大正8年）に村上義弘に叙位の申請がなされ、正五位の贈位がなされている（「義弘事績再検討」9頁）。そのため、因島においては、青影城が義弘の居城であるとする説が有力である。しかし、これに対しては、因島の中庄地方が鎌倉時代以来下賀茂社領であり、下賀茂社禰宜が知行していた地であって、義弘がここに青影城を築くことができたとは考えられないとする説があり（「義弘事績再検討」57頁）、ここでの論述は実証的かつ説得的である。義弘が因島で支配しえたのは、因島南西部の土生長崎城とその海域であったと考えられる（⇨101頁(2)）。

　義弘は、越智郡大島における村上水軍の存在を確実にし、因島南西部にも進出して土生長崎城を築いたものである。なお、「義弘事績再検討」58頁は、村上水軍の因島への進出は、因島水軍初代当主、村上顕長が最初であるとするが、この説は、義弘が土生に進出した事実を無視するものであり、正当とはいえない。義弘が因島に進出して築いた土生長崎城には、義弘の死後、義弘の地位を承継したとする今岡通任が入城し、これを契機として、村上師清と今岡通任の間に戦いが起こったものであり、この戦いの事実およびこの戦いの後に顕長が因島長崎城に城代として入城したことについては否定し難い（⇨101頁）。義弘と土生長崎城の関係まで否定する上記の説は、戦前期および戦後まもない時期の議論（⇨9・91頁）を反映したものであり、懐疑的に過ぎる。

　村上義弘が本拠を移した越智大島の海域には、伊予地乗と沖乗の入口である来島海峡（来島と大島の間）、鼻栗瀬戸（伯方島と大三島の間）、船折瀬戸（伯方島と鵜島の間）という潮流の急な3海峡がある。この3海峡は、これを

経なければ、伊予地乗、沖乗のいずれにも入ることができないという意味で、重要海峡である。義弘は、村上水軍が成立した父祖の地であるこの地を本拠として、因島にも根拠地を持って、武装した海運業者としての村上水軍の地位を確実にした存在であるといえる。義弘は、武装した海運業者である村上水軍を率いて、河野水軍の下、海上運送および貿易に従事した。

II

後期村上水軍の成立

1 村上師清による前期村上水軍の承継

　村上水軍のうち、後期村上水軍は、村上師清を始祖として、前期村上水軍を引き継いだ水軍である。『萩藩閥閲録』村上図書記には、次のように記載されている。「村上天皇19代後胤、北畠顕家の嫡子である従五位上式部大輔師清は、暦應元年（1338年）の顕家の戦死により北畠家系を継ぎ、その後数度戦うも運少なく、終に鬱憤晴れるときなし。そのような折、清和源氏末裔村上三郎左衛門尉義弘の居城である予州能嶋務司之城へ討ち入りて之を取り、これより師清は北畠姓を改め、村上山城守の号を得て、応永6年（1399年）8月8日没した。」

　萩藩閥閲録（萩藩譜録）は、萩藩から各家の家譜について報告せよとの命を受けて藩内各家から提出された文書をまとめたものであり、各家から藩への正式報告文書であるだけに、信頼性が高い。同書中の村上図書記は、江戸時代中期に、村上武吉の嫡流子孫である能島村上家の当主村上図書が萩藩に提出した報告文書である。

　これによれば、後期村上家の初代当主は、村上師清（顕成）であり、師清は、村上源氏の北畠顕家の嫡子であり、1338年に顕家を継いだが、数度の戦争に負け、鬱々としていたところを村上義弘の村上家を引き継ぐ任を受け、義弘の死後に後継争いをしていた務司島城に攻め入り、これを討ち取ってその跡を継いだことがわかる。もっとも、師清が何年に、義弘をどう引き継いだかは、この記載からは不明である。

　師清が北畠顕家を承継したのが1338年であり、数度の敗戦と鬱々とした期間を経て、義弘の城を攻め取ったことからすると、村上師清が務司島城に攻め入ったのは、1340年代半ばであるといえる。義弘が逝去したのは1340年である（⇨91頁②）。『予陽河野盛衰記』によれば、師清は信濃から瀬戸内海に向かい、1342年に雑賀を出発したとされている。これらの事実も1342年ごろに後期村上水軍が成立したことを裏付ける。したがって、師清が後期村上水

軍を興したのは、1342年ごろであると認められる。村上義弘を継いだ村上師清は、義弘の娘を二男である村上顕長（吉豊）の嫁として迎えている（⇨92頁④）。

これらの史料からすると、村上師清は1342年ごろ、村上義弘の地位を承継したものということができる。

萩藩閥閲録の前記記載によれば、村上師清は、1399年に没したとされている。師清の逝去年について、伯方白石家所蔵「野島村上家系図」は1408年逝去としており、周防大島郡屋代村村上藤枝家文書は1416年務司城にて卒すとしているが、より信頼性の高い史料である萩藩閥閲録の記載により、1399年と推定するのが相当である。

2　村上師清と河野氏との関係

村上師清は、1342年ごろ村上義弘を承継して後期村上水軍初代当主となった後、1390年ごろ3子にその地位を承継させた（⇨106頁④）が、この約40年間は、南北朝時代（1336〜1392年）と重なっており、全国において南朝と北朝の2勢力の対立があって国情が極めて不安定な時期であった。この中で、村上師清が村上水軍の承継者としての地位を確立して、伊予海域の一角においてその地位を維持していくには、伊予海域に勢力を誇った河野氏との関係を築くことが重要であったと考えられる。

当時、河野水軍を擁して伊予海域を支配していた河野氏は、南北朝時代の荒波の中においても、その支配を継続した。師清は、瀬戸内に入って以降、当時伊予海域を支配していた河野家当主河野通盛（当時の名は通治）に対して礼儀を厚くし、河野氏一族に加えられれば忠勤することを誓約して、河野通盛から一門の列に加える了承を得ている（村上家由緒書、『水軍誌』25頁）。

河野氏当主である河野通盛は、1336年に南北朝時代が始まったその年に足利尊氏の推挙で伊予国守護に就き、その後、将軍家の指図により、守護職を岩松頼宥に譲ったが、1350年に再び伊予国守護に返り咲いた。その後、1354年、守護職を細川頼之に譲ったが、1356年に再度守護に復帰し、守護退任後も、1362年に再々度となる守護復帰を果たしている。しかし、その後、細川頼之の不信を買う事態が生じ、河野通盛は細川家と対立することとなり、

1364年、嫡子である河野通朝が細川軍に攻められて戦死し、通盛自らも病気で逝去するに至った。細川頼之は、同年、河野氏の家督を承継した河野氏嫡男である河野通堯（後に通直と改名）を攻撃し、通堯は、1365年、村上師清と今岡通任の船で送られて九州に逃れ、大宰府で征西将軍懐良親王に会って信を得た。

　懐良親王は、1336年、齢8歳にして征西将軍に任じられて九州に向かい、同年塩飽に至り、翌1337年に塩飽水軍に送られて新居大島に至り、そこから忽那島に至り、ここで3年滞在して九州に渡っており[70]、瀬戸内水軍とは密接な関係にあったものである。

　村上師清と今岡通任は、上記のとおり、通堯を伊予から九州まで送り届けたが、『予章記』においては、通堯を送り届けたのが師清ではなく義弘であるとしている。『予章記』のこの記載に信用性がないことは、先に述べた（⇨93頁⑤）。通堯は、1368年、九州から伊予に侵攻し、その際にも村上師清と今岡通任は護衛の労をとっている。河野通堯は、懐良親王の支援も受けて伊予国内での勢力を固め、1370年に伊予国守護に復帰を果たした。通堯と細川軍との戦いはその後も続き、1379年、通堯は戦死し、河野氏の家督は嫡子通義が承継した。家督を承継した河野通義は、その年、細川家との和睦を達成し、河野通義は、同年、伊予守護職に任じられ、以後、1585年に小早川隆景に敗れて松山湯築城から退去するまでの間、河野氏は代々、伊予国守護に任じられてきた。

　伊予国の守護職をめぐって、河野氏は上記のとおりしばしば危機に遭遇しながらも伊予海域の支配を継続しており、村上師清は、河野氏の浮き沈みにかかわらず、継続して河野氏への忠勤を尽くし、これによって河野氏の信頼を得て、後期村上水軍の地位を確立したものである。伊予海域の各島には荘園領主や荘園地頭がいる中、村上師清が大島・伯方島を始め、多くの島々に勢力を及ぼしえたのは、河野氏との良好な関係を維持した結果であるといえる。

70　片山才一郎「征西将軍懐良親王の伊予滞在期間について」伊予史談245号（1982年）42頁、坂井藤雄『征西将軍懐良親王の生涯』（葦書房、1981年）101頁。

1336年　　　河野通盛伊予国守護

1342年ごろ　村上師清が義弘の後継となり、後期村上水軍を興す

1350年　　　河野通盛、伊予国守護

1362年　　　河野通盛伊予国守護。細川氏と戦う中1364年病死。嫡子通朝も戦死

1365年　　　河野家当主となった河野通堯は九州に逃れ、懐良親王の信を得る

1368年　　　河野通堯、伊予に侵攻。師清および今川通任の支援を受ける

1370年　　　河野通堯伊予国守護

1377年　　　村上師清と今川通任の間で戦闘。師清が因島に進出

1379年　　　河野通堯戦死。嫡子通義が細川氏と和睦、伊予国守護

3　村上師清による勢力の拡大

(1)　伯方本城の築城

　村上師清は、武志島の務司島城、中渡島の中途城（鳴河図城）を配下に収めた後、対岸の大島本島に火打城を築城した。その後、師清は、村上水軍の居城を築く地を伯方島と定め、伯方島木浦の伯方島最高峰大深山（小見山ともいう。海抜141メートル）に伯方本城を築いた。

　後期村上水軍の居城については、伯方島木浦説と大島宮窪説がある。大島宮窪説は、宮窪の地元における伝承であり、宮窪町誌の抜粋である『水軍史』には、口絵に宮窪城跡復元図が掲載され、本文中に大島宮窪説の根拠が解説されている（『水軍誌』65頁）。しかし、口絵にある宮窪城は、水軍城らしくなく、古代集落としか見えない。また、本文中の説明は、地元集落の付近一帯が「お城山」と呼ばれていることを根拠として、郷土史研究に携わる筆者個人の推測ないし希望的観測を述べたものであり、実証性に乏しい。

　大島には、1100年代に土御門右大臣家の荘園である大島荘があり、その後、寄進により醍醐寺円光院の荘園となって、以後、寺社領となったものであり、宮窪を含む多くの土地について伊予国守護の河野氏の支配が及ばなかった[71]。しかも、大島には、1340年、小早川家から小泉宗平が地頭に任じられ、大島荘を含む大島の2分の1近くを差配していたのであり、師清が河

野氏と良好な関係にあったとはいえ、寺社領であり、小泉氏が地頭職を務める大島宮窪に師清が村上水軍の居城を築いたとは考えられない。現に大島には、武志島の対岸に火打城が築かれた以外には、村上氏の居城または支城が築かれた形跡はない。前期村上水軍第4代当主、村上清長が大島に築いた隅嶽城（くまがたけじょう）（⇨88頁③）が、後期村上水軍の居城とされた形跡もない。村上水軍の居城は、伯方島木浦の小見山にあったと考えるほかない[72]。宮窪所在説は、大島宮窪の地元の願望に基づく伝説にとどまり、客観的裏付けを欠く。

伯方島木浦は、河野氏の家臣である紀氏が平安時代末期1170年ごろ木浦城を築城した、由緒のある地である。木浦城は1221年に落城し、師清が義弘を承継した当時には存在していなかった（⇨54頁③）。河野氏の支配しえない荘園が存在しないことも、河野水軍と良好な関係にあった師清がこの地に居城を築いたことと親和する。

伯方本城（小見山城）は、今治海域の最重要港である木浦湾や、沖乗を西に抜ける海峡である船折瀬戸を見渡す大深山に築かれ、この山頂からは船折瀬戸や燧灘（ひうちなだ）を一望できる。この城は、大深山脇の沢津山に詰城（つめのしろ）（重要拠点城）である獅子ケ城を配し、伯方島内に沢津館、金ケ崎城、松ケ鼻城、梅ケ鼻城等の支城を備えた複合城塞である（⇨106頁地図3）。伯方本城は、築かれて以降、村上水軍当主の居城となってきたが、第5代当主村上武吉（たけよし）は1573年ごろ今治沿岸部（今治市古国分（ふるこくぶ））に国分山城（こくぶさん）（国府城）を普請してここを居城とし、以後1587年に能島村上家が筑前に移転するまで、伯方本城には城代として能島内匠頭義久（たくみのかみよしひさ）が入城した[73]。

師清は村上水軍の勢力を確実なものとし、後記(2)のとおり、1377年には因島も勢力内に収め、3島村上水軍体制の礎を築いたものであり、後期村上水軍の始祖というべき存在である。

71　景浦勉「古代伊予における社寺領（上）」伊予史談209号（1973年）1頁。長山源雄「伊予に於ける荘園の分布」伊予史談20号（1934年）1頁。

72　村上和馬「能島家の大根城をもとめて」伊予史談218・219合併号（1975年）50頁、同「しまなみの南北戦争」今治史談15号（2008年）53頁。

73　今治市教育委員会編『今治の歴史散歩』（今治市教育委員会、1980年）171頁。国分山城には1587年、秀吉の直臣福島正則が入城。

年表4：能島村上水軍年表

1340年	前期村上水軍村上義弘逝去、後継争い勃発
1342年ごろ	村上師清による義弘後継をめぐる争いの平定、後期村上水軍成立
1377年	村上師清が今岡通任と戦い、因島を奪取。その後通任と和睦
1390年ごろ	義顕・顕長・顕忠が師清を承継。義顕が能島村上水軍初代当主
1441年	義顕、足利義勝の赤松征伐で軍功
1450年ごろ	雅房が第2代当主
1508年	雅房が管領細川髙国から塩飽島の代官職に任じられる
1510年ごろ	隆勝が第3代当主
1511年	雅房・隆勝父子が将軍足利義稙（義材、義尹）上洛時の先陣を務める
1527年	隆勝逝去。嫡子義雅早世、その子義益幼年。弟義忠が第4代当主
1540年ごろ	義忠逝去、義益・武吉間で承継者をめぐる争い発生
1542年	武吉が能島村上家第5代当主として家督を承継
1555年	厳島合戦に参戦、これにより武吉による能島村上水軍の勢力最大化
1572年	小早川隆景の能島城攻めに武吉敗北。以後、隆景に従う
1587年	武吉父子能島城退去。元吉6代当主に。嫡流能島村上家伯方島残留
1600年	元吉伊予三津浜で逝去。関ヶ原の戦い（翌1601年元武第7代当主）
1604年	武吉逝去
1636年	嫡流能島村上家が伯方島の庄屋に任命される

⑵ 因島への勢力の拡大

　村上師清は、今岡通任と共同で、1365年、河野通堯を助けて九州の懐良親王の下に送り届けた（⇨98頁）。今岡氏は、河野家の一族から分家したものであり、今岡通任は、大三島東端にある甘崎城を拠点として付近海域に勢力を有していた。また、村上師清は、後期村上水軍の地位確立のため、伊予海域に支配的力を持つ河野氏に臣従してきたものであり、両者は共に河野氏に仕える立場であった。しかし、今岡通任は、姉が村上義弘の妻であったこともあり、その後、義弘の代からの村上氏の根拠地であった因島南西部の土生・田熊の村上義弘支配の地を自己のものとしたため、義弘を承継した村上師清と今岡通任との間で、1370年代後半になって争いが生じた[74]。村上師清と今岡通任は、1377年、戦火を交えることとなり、因島の土生から田熊にか

けて激しい戦闘となった。今岡通任は、この戦いに敗れ、嫡子今岡通遠も戦死した。戦いに勝利した師清は、河野氏一族の出身で河野氏家臣である今岡氏と直ちに和睦し、因島における今岡氏の支配権を奪い、因島土生の長崎城に次男の村上顕長を城代として置いて、因島に勢力を伸ばした。

　その当時、因島は混乱の域にあった。すなわち、因島は、東寺の荘園をめぐって複雑な支配関係にあり、1347年、安芸国竹原（現広島県竹原市）の小早川氏平らに、東寺荘園である因島庄の年貢を横領されたとの記録が東寺百合文書中にある。以後も小早川一族の因島庄侵略は継続し、小早川氏平は、1348年に同族の千代松丸を東寺領代官職に就任させたが、1357年ごろには、その代官が年貢を自らのものとする問題が起こっている。東寺は、小早川氏の横暴を幕府に訴え、1366年、支配地の半分が東寺に返付され、1387年、幕府が先に小早川貞平に付与した下文を召返し、東寺に荘園地頭職が寄進された。しかし、現実には、小早川貞平の子である小早川春平が代官職に補任され、1388年、春平の横領が表面化するなどした[75]。因島には、他の勢力も侵略し、年月日は不詳であるが、小早川貞平は、侵略勢力討伐の軍功の賞として、将軍家から因島地頭職を与えられている。東寺百合文書によれば、1462年には、因島村上水軍第2代当主村上吉資（備中守）が東寺から東寺領因島代官に補任されており、東寺は、村上水軍に対し、因島の秩序維持を期待してその支配に協力したものと見える。

　因島を支配下に収めた師清は、1390年ごろ、3子に能島・因島・来島の3島を各別に承継させた。

74　野崎茂太郎・前掲注68・764頁、村上和馬「水軍今岡氏の興亡」伊予史談293号（1994年）20頁。

75　後藤陽一『広島県の地名』日本歴史地名体系第35巻（平凡社、1982年）438頁、『因島市史』281頁。

Ⅲ

3 島村上水軍の成立

1　3島村上水軍の初代当主に関する2説の存在

　3島村上水軍の創始者は誰で、初代当主は誰かについて、二つの説がある。

　第1説は、村上師清が3島村上水軍の創始者であり、その嫡子である村上義顕が能島村上水軍の初代当主、二男である村上顕長が因島村上水軍の初代当主、三男である顕忠が来島村上水軍の初代当主であるとするものである。これに対して、第2説は、3島村上水軍の創始者は、村上師清の嫡子である村上義顕であり、その嫡子である村上雅房が能島村上水軍の初代当主、二男顕長が因島村上水軍の初代当主、三男顕忠が来島村上水軍初代当主であるとする。

　結論からいうと、第1説、すなわち、3島村上水軍の創始者は村上師清であり、嫡子である村上義顕が能島村上水軍の初代当主、二男である村上顕長が因島村上水軍の初代当主、三男村上顕忠が来島村上水軍の初代当主である。3島村上水軍が成立したのは、1390年ごろである。以下に、二つの説のいずれが正当かについて述べることとする。

2　2説の各裏付史料

①　第1説（師清創始説）

　第1説は、村上師清がその創始者であり、3人の子である義顕・顕長・顕忠に、能島・因島・来島の3島を分割して統治させたとする。その主な史料を掲げると、次のとおりである。

　a『屋代島村上家文書』村上天皇並能嶋根元家筋、b「村上系図」山口県大島郡和田村・村上源太家所蔵（『松岡水軍史』825頁掲載）、c「因島村上家系図」（山口県防府市岩畠所在村上家菩提寺極楽寺所蔵）、d「因島村上略系・来島村上系図」（『予陽河野盛衰記』所収）。

② 第2説（義顕創始説）

　第2説は、村上師清の嫡子である村上義顕がその創始者であり、村上義顕は、その3人の子である雅房・顕長・顕忠に、能島・因島・来島を分割して統治させたとする。その主な史料は次のとおりである。

　e「野島村上家系図」今治市伯方町木浦白石修蔵家所蔵（『松岡水軍史』804頁掲載）、f「因島村上氏家譜」因島村上家当主村上典吏子氏所蔵、g「村上家系譜」（因島郷土資料・松浦儀三郎所蔵旧記所収）（『松岡水軍史』824頁掲載）。

3　史料の分析と考察

①　両説を裏付ける史料の特徴

　両説の対立点は、3島村上水軍の創始者は師清であるか、義顕であるかである。そこで両説の根拠とされている各史料を見ると、次のような特徴があることがわかる。

　第1説、すなわち、師清を創始者とする説は、萩藩岩国領（現山口県大島郡周防大島）の能島村上家（a・b）および萩藩三田尻（現山口県防府市）の因島村上家（c）の各末裔が所持する史料、ならびに河野家が所持する史料（d）である。第1説と同趣旨の他の多数の文献・資料は、これらに基づいて作成されたものである。

　一方、第2説、すなわち、義顕を創始者とする説は、伯方島所在の嫡流能島村上家の末裔が所持する史料（e）および因島所在の因島村上家の末裔が所持する史料（f・g）である。第2説と同趣旨の他の多数の文献・資料は、これらに基づいて作成されたものである。

　これらを通観すると、次のようにいうことができる。能島村上家のうち、村上武吉一族は、瀬戸内退去後、いったん筑前国（現福岡県）に移り、その後備後国（現広島県）に移り、江戸時代には萩藩（現山口県）に落ち着いたものであり、史料として掲げたa・bは萩藩内の屋代島能島村上家に存在する。また、史料cは、関ケ原の戦い後に萩藩三田尻に移動してきた因島村上家に存在する。史料dは、村上家を外から客観的に見る立場である河野家に存在する。これに対して、伯方島に存在する史料は、村上武吉一族が去った

後の伯方島の嫡流能島村上家に存在する史料であり、因島に存在する史料は、隣接島である伯方島の能島村上家系図に倣ったものと考えられる。

② 村上雅房の存在と第2説

ここで注目すべきは、伯方島における村上雅房の存在である。伯方島においては、村上雅房は、菩提寺である禅興寺を創建した能島村上家当主であり、禅興寺における最も古い墓碑は雅房の墓であり、義顕の墓は現存しない。禅興寺の過去帳における筆頭も雅房であり、江戸時代に村上家が伯方島の庄屋に任じられたのは、雅房の掃部頭としての地位が今治藩に認められたためである。これらから、伯方島において、嫡流能島村上家が村上雅房のことを能島村上水軍初代と認識していることは、納得できる事実である。禅興寺の記録によれば、禅興寺は、江戸時代初期に荒廃し、江戸時代中期になって再興されたものである。その禅興寺再興者からすれば、寺創建の当主であり、唯一中世のものとして残る墓碑も雅房のものであることからして、雅房が能島村上家初代当主と考えても不思議はない。因島が伯方島近くにあることからすると、因島所在の因島村上家の家系図が、伯方島の家系図と同じであるのは自然である。

③ 第1説の優位性

上記のとおり、伯方島で第2説がとられている事情は理解できるものの、客観的事実はどうかとなると、能島村上水軍の主力は、村上武吉に従って筑前から備前へ、その後、萩藩へと移動したのであり、萩藩における村上家の家系図は、史料が豊富であるだけに正確性が高いと考えられる。加えて、村上家を外から客観的に見る立場にある旧主家・河野家の家系図が第1説であることを併せ考えると、第1説、すなわち、3島村上水軍の創始者は師清であり、3島村上水軍の初代当主は、能島村上水軍が義顕、因島村上水軍が顕長、来島村上水軍が顕忠であると認めるのが正当である。能島村上家初代当主は、村上義顕であるといわざるをえない。

系図5：3島村上水軍の成立

村上師清┬義顕（能島初代）─雅房─隆勝─義忠─武吉─元吉
　　　　├顕長（因島初代）─吉資─吉充─吉直─尚吉─吉充
　　　　└顕忠（来島初代）─吉元─康吉─通康─通総─康親

④　3島村上水軍の成立時期

　師清が後期村上水軍を立てた時期が1342年ごろであること（⇨96頁）、師清が因島に勢力を拡大した時期が1377年であること（⇨101頁⑵）からすると、3島村上水軍が成立した時期は、1390年ごろであると推認するのが相当と考えられる。

地図3：能島村上水軍の主要水軍城

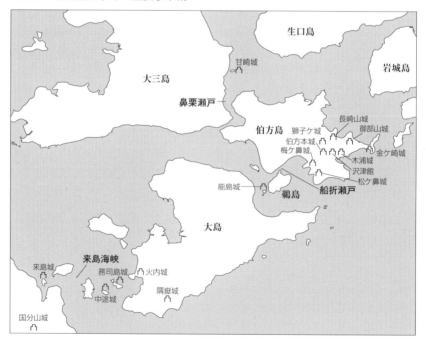

106

能島村上水軍の拡大

1　能島村上水軍初代当主から第4代当主まで

①　初代当主義顕

　後期村上水軍の創始者である村上師清は、1390年ごろ3人の子にそれぞれ能島・因島・来島各水軍についての家督を譲り、能島村上水軍の家督を譲り受けた村上義顕が能島村上水軍の初代当主となった。師清が逝去したのは1399年であり、義顕はその9年前に能島村上水軍の初代当主となったものである。

　義顕は、因島水軍・来島水軍を糾合し、これに主家である河野家の河野水軍およびその配下である忽那水軍を加え、合同で通関銭を取得する体制を整えている。瀬戸内において3島村上水軍、河野水軍および忽那水軍の5水軍による通関銭徴収のための連携が成立したのは、義顕が初代当主を務めていた1400年ごろである。義顕は、能島村上水軍の海上支配を確実にしたことから、「海賊大将」と呼ばれ、また、「能島殿」とも呼ばれた（『屋代島村上家文書』村上天皇並能嶋根元家筋）。

　義顕は、1441年、第7代将軍足利義勝の赤松征伐で功を上げたとされている（『萩藩閥閲録』村上図書記）。

②　第2代当主雅房

　第2代当主雅房が義顕から能島村上水軍の家督を譲り受けたのは、1450年ごろと推認される。伯方島禅興寺の記録には、雅房が1419年に能島村上水軍当主となった旨の記載があり、この時期に雅房が3島村上水軍当主となったとする地元書籍がすこぶる多い。一方、『萩藩閥閲録』村上図書記には、後記③のとおり、雅房が1511年に嫡子隆勝と共に足利義稙上洛の先陣を務めたと記されており、この記載に基づく地元文献もすこぶる多い。しかし、そうすると、雅房は100年以上生存したことになり、不合理である。

　禅興寺は江戸時代初めに荒廃し、1660年（万治3年）、再興の動きが生じ、1697年には観音堂が完成し、1817年に現在の本堂・庫裏・不動堂などが再建

されて、江戸時代後期に再興が成ったものである。この経過からすると、禅興寺の記録にやや不正確なところがあったとしても無理はない。雅房が能島村上家第2代当主となったのは、前記のとおり、1450年ごろと推認せざるをえない。

村上家は天皇家・将軍家との結び付きがあり、義顕の嫡子雅房は、3年間京都に滞在し、その後今治海域に戻って村上家の家督を承継したものである（『萩藩閥閲録』村上図書記）。雅房は、義顕から能島村上家を委ねられて、伯方島木浦大深山の伯方本城（小見山城）を居城とし、後方の沢津山の獅子ケ岳を詰城（重要拠点城）としつつ、能島に強固な詰城として能島城を築いたものである[76]。能島村上家の菩提寺である禅興寺を伯方島小見山の伯方本城近くに創建したのも雅房である。その創建年は、禅興寺の記録には1430年とある。しかし、雅房は、伯方島三島神社を創建しており、その創建年が神社の棟札（三島神社宮司馬越晴通氏所蔵）に1485年と記されている。この創建年には不自然な点がなく、これと対比しても、雅房が禅興寺を創建したのは1470年ごろである。雅房の墓は、今も禅興寺直下の明瞭に禅興寺建立者とわかる位置にある。

雅房は、1508年（永正5年）、管領（将軍に次ぐ地位）であった細川高国より讃岐国塩飽の代官職を与えられている。これが村上水軍の塩飽支配の始まりである[77]。この年以降、能島村上水軍が塩飽水軍を配下に入れることとなり、この関係は、塩飽水軍が信長・秀吉方に下るまで続いた。能島村上水軍が塩飽水軍を掌握した結果、1571年（元亀2年）に毛利氏に背いた村上武吉が小早川隆景から能島城攻め（⇨112頁4）に遭った際に、塩飽水軍が救援に来ている（『宮窪町誌』86頁）。すでに見た史料の中にも、1577年および1581年に塩飽水軍と能島村上水軍が連携している事実が表れている（⇨63頁④⑤）。ここに掲げたイエズス会日本通信の中には、ルイス・フロイス一行が1571年に塩飽の泊港に入港するに際し、「能島殿の代官」と毛利の警吏がいて、積み荷を空けようとしたことが書かれており、このことも能島水軍と塩

76　田中謙・前掲注17・97頁では、築造年は発掘調査で特定できなかったとされる。

77　大上幹広「村上武吉登場前の芸予諸島」今治史談24号（2018年）58頁に「宮内太夫に対し塩飽嶋代官職を与える細川高国宛行状」が掲載されている。

飽水軍との連携を表す事実といえる。塩飽水軍は、1508年ごろ以降、3島村上水軍、河野水軍、忽那水軍による通関銭徴収の協力体制に加わり、これにより、瀬戸内6水軍の連携体制が完成したものと考えられる。江戸時代になって嫡流能島村上家が直ちに伯方島の庄屋に任命されたのも、雅房の功績による（⇨135頁(5)）。

③　第3代当主隆勝

　第3代当主は、村上隆勝であり、雅房から隆勝が能島村上水軍当主の地位の承継を受けたのは、1510年ごろと推定される。第3代当主隆勝（村上左衛門、宮内大輔、山城守）は、能島村上家の当主となった後、各地の合戦、海戦で功を上げた。隆勝は、1511年、将軍職を追われて瀬戸内に身を置いていた足利義稙が上洛復帰するに際し、父雅房と共に先陣を務めたとされている（『萩藩閥閲録』村上図書記）。隆勝は、1527年に逝去しており、当主としての在任期間は20年弱と短い（『萩藩閥閲録』村上図書記）。雅房が長命であったことによるものであろう。

④　第4代当主義忠

　第3代当主隆勝が逝去した際には、嫡子義雅は家督相続前に逝去しており、義雅の嫡子義益（吉益、宮内少輔）は幼少であったことから、隆勝の二男である義忠（吉任、宮内太夫）が第4代当主を承継した。その際には、義益が長じた後は嫡流である義益が第5代能島村上家当主を継ぐことが予定されていたが、義忠は、1540年ごろに逝去し、後継となる第5代当主を誰にするかを巡って争いが起こる。義忠の当主在任期間も十数年と短い。

2　村上武吉による能島村上家第5代当主の承継

　義忠が逝去した後、その後継を誰にするかを巡って争いが生じた。義忠の弟に当たる隆重は、亡義雅の嫡子義益が病弱で当主を承継する器量に欠けるとして、義忠の嫡男武吉を次期当主にすべきであると主張し、一方、嫡流家は義益を当主にすべきであるとし、ここに嫡流村上義益一族との間で「能島城合戦」といわれる熾烈な跡目争いが生じた。嫡流である義益側は伯方本城を居城、能島城を本拠とし、非嫡流である武吉側は大島吉海（現今治市吉海町、務司島城も吉海に属する）を本拠として、互いに各家の存亡をかけて長く

熾烈な戦いが行われた末、1542年、非嫡流である武吉が勝利を収めて第5代当主を承継した。嫡流である義益は戦いで傷を負い、来島家に立ち寄って逗留中に病死した[78]。この間の事情は、両家の和睦に動いた来島村上家の右衛門大夫通康に宛てた大内氏船奉行の冷泉隆豊の書状につぶさに記載されている[79]。逝去の態様につき、『しまなみ物語』[80]は、重傷を負って木浦に運ばれる途中自害したとするが、伝承に依拠しており、根拠は薄い。

　この戦いを経て、非嫡流村上武吉が能島村上水軍第5代当主となって伯方本城・能島城に入城し、嫡流能島村上家は両城を明け渡し、非嫡流武吉一族の配下として、伯方本城の城下である伯方島木浦に居住することとなった。この争いが原因となって、後に能島村上家の当主武吉（掃部頭）が筑前に移転するに際し、嫡流能島村上家の一族である木浦六軒株が伯方島木浦に残留することとなる（⇨132頁）。嫡流能島村上家一族は武吉の筑前移転に伴わず、江戸時代を通じて木浦に残って木浦六軒株といわれる一族を構成し、明治期以降は中心的構成員の一員となって今治海事クラスターの発展を支えていく。

系図6：能島村上水軍系図（武吉承継まで）

村上義顕（初代）──**雅房**（2代）──**隆勝**（3代）──┬──**義雅**（早世）──**義益**（承継戦で敗戦）

├──**義忠**（4代、隆勝の二男）

│　　　└──**武吉**（5代）

└──**隆重**

78　愛媛県越智郡社会科同好会編『与陽盛衰記』（愛媛県教育研究協議会、1969年）249頁。

79　伯方町文化財保護審議会『伯方の文化財』（伯方町中央公民館、2004年）34頁に冷泉隆豊の書状の全文を掲載。

80　村上和馬・前掲注46・24頁。

3　村上武吉による能島村上水軍の最大化

　能島村上水軍は、村上武吉が1542年に能島村上家の当主となってから1580年代に能島城を明け渡すまでの間に、「日本最大の海賊」と評されるようになった。「日本最大の海賊」とは、ポルトガル人宣教師ルイス・フロイスが「1586年の報告書」（『耶蘇会日本通信』（⇨63頁④））で能島村上水軍について述べた表現であるが、能島村上水軍の当時の存在を言い得ているとして、しばしばこの表現が引用される。能島村上水軍が「日本最大の水軍」と称されるのは、ルイス・フロイスの配下の者が能島村上水軍の当主村上武吉と面会した当時、武吉が武力・軍事力・経済力・政治力・統率力・決断力のいずれにも秀でていたゆえである。

　村上武吉の率いる能島村上水軍が瀬戸内水軍の最大勢力となるについては、1555年の厳島合戦が大きな役割を果たす。厳島合戦の経緯の詳細は省略するが、陶晴賢は、1551年、主家の大内家に抗き、大内義隆を死に追いやった後、大内義隆の養子であった大友晴英を君主として迎え、大内義長と改名した晴英を大内家の当主に立てた。しかし、大内義隆の姉婿である吉見正晴は、大内義隆を死に追いやった陶晴賢の討伐に動き、この動きに、大内氏を主家としてきた毛利元就も立ち上がり、1555年、陶晴賢と毛利元就との間に厳島合戦が起こった。毛利氏は村上水軍に救援を求め、能島村上水軍の村上武吉を筆頭に、因島水軍を率いる村上吉充、来島水軍を率いる来島通康も加わり、戦果を上げて毛利氏勝利に導いた。毛利元就は、陶晴賢を滅ぼすと、周防に向けて進み、残党を討伐した後、山口高嶺城を攻めて大内義長（大友晴英）を自害に追い込み、中国地方の覇者となった。

　この戦いに参戦して功績があった村上水軍に対して、毛利氏から恩賞として新たな領地が与えられた。来島水軍の来島通康には、屋代島およびその西寄りの海域の領地が与えられ、因島水軍の村上吉充には、近海の領地増のほか、その要望により、1557年、新蔵人の武家官位を与える措置がとられた（『因島村上文書』小早川隆景吹挙状）。村上水軍の総帥として戦功のあった村上武吉に対しては、来島分以外の伊予海域の支配権が与えられ、最も手厚く遇された（『松岡水軍史』475頁）。これにより、村上武吉は、瀬戸内最大の海

域支配権を有することとなり、能島村上水軍初代当主の村上義顕以来営々と築いてきた瀬戸内水軍間の警固・通関銭徴収に関する協定は、いっそう堅固なものとなった。

　村上水軍の武力については、強大な母船安宅船（あたけぶね）、快速の関船（せきぶね）、俊敏な小早船（こばやぶね）を駆使し、弓矢のほか、「焙烙火矢（ほうろく）」といわれる重火器を自在に使用して、抜きんでた攻撃力を有していたと伝えられている。村上武吉は能島脇の小島である鯛崎島（たいざきじま）に武道場を設け、自らと配下の武士の武道の鍛錬も怠らなかったといわれている。

4　小早川隆景による能島城攻めと村上武吉の敗戦

　厳島合戦に勝利した毛利氏は、中国地方の覇者となり、1557年以降、北九州における大内氏の旧領を巡って、北九州を領土とする大友家と絶え間なく争うこととなった。その後、一時講和が結ばれていたが、1568年、毛利氏と大友氏の間に戦端が開かれ、大友宗麟は、中国・四国の反毛利勢力と同盟を結ぶための策を凝らした。その最中の1569年、毛利方として九州の大友攻めに加わっていた能島村上水軍村上武吉は、途中、病気と称して船団を上関（かみのせき）（現山口県熊毛郡上関町）にとどめて動かず、このため、豊前（現福岡県東部）で毛利軍に付いて戦っていた来島・因島村上水軍は敗北を喫した。これに猜疑心を持った小早川隆景は、村上武吉を撃つため、1571年、来島村上水軍と手を結び、能島村上水軍の拠点である能島城を攻めた。この戦いで能島城は重大な損害を受けた。この戦いは、翌1572年、大友宗麟が能島・来島水軍の双方に使者を送る等の和睦の仲介に動き、和睦が成立した（『水軍誌』37頁）。この和睦後、村上武吉は小早川隆景に従うこととなり、これが後の武吉の能島城明渡しにも影響してくる。

第 4 章

海賊禁止令と能島村上水軍の
瀬戸内退去

豊臣秀吉の支配と海賊禁止令

1　海賊禁止令とその位置付け

　明治以降の海賊の概念変更に伴って、海賊禁止令についての誤解が広まっている。海賊禁止令は、船舶の海上における自由航行を認め、海上賊徒行為を禁止したものとする誤解である。海賊禁止令というのは、正しくは、従来水軍が持っていた通関銭徴収権を太閤秀吉が奪取する命令である。海賊禁止令をどうとらえるかは、村上水軍の実像の理解に欠かせないので、以下、詳述する。

　豊臣秀吉は、1588年（天正16年）、海賊禁止令を発した[81]。海賊禁止令は、従来、領主により水軍に認められていた通関銭徴収権を太閤秀吉のものとする命令であり、国家統一を図ろうとする秀吉にとって、海上に独自の組織と武力を持ち、通関銭徴収により独自の財源を有する水軍の存在は、許容し難いものであったのである。水軍は、海賊禁止令が発せられる前に、すでに通関銭を徴収することを禁じられており、海賊禁止令は、改めてこの原則を宣言したものである。この命令の内容は、概要次のとおりである。

　「一　諸国において海上賊船は固く禁止しているところであるが、この度、備後と伊予の間の伊津喜嶋において、盗船を行う族（やから）があったと聞く。許すべからざる悪事である。

　二　国々津々浦々で船を使う船頭・猟師について、地頭・代官は速やかに調査し、それらの者に以後海賊行為がないよう誓約させ、連判をさせて、これを国主（編注：大名）が取り集めて上申すべきことを命ずる。

　三　今後、給人（きゅうにん）（編注：領地給与を受けた武士）領主が油断して領内で海上賊船を行う輩が生じれば成敗が加えられ、末代まで知行その他が召し上げられる。以上固く申し付け、これに反する族があれば、直ちに処罰されるものとする」

81　三鬼清一郎「海賊禁止令をめぐって」名古屋大学文学部研究論集（史学）42号（1996年）209頁。原文は同頁に掲載。

この当時、水軍の警固により、すでに海上賊徒の襲撃は航海上の脅威ではなくなっており、布令を発して禁ずる必要はなくなっている。したがって、ここにいう「海上賊船」とは、通関銭の支払を求め、これに応じない船に制裁を加える水軍の行為のことであり、この命令において禁止されるのは通関銭の徴収である。この命令は、水軍から通関銭取得権を奪取することを目的とするものであったものといえる。

2 修辞上の巧みな手法

⑴ 海賊と海上賊徒を混同させる手法

　海賊禁止令において、秀吉は、巧みな修辞により、海賊と海上賊徒を混同させる手法を採用している。すなわち、海賊禁止令によって禁止されるのは、通関銭の徴収であるが、秀吉は「海上賊船」を行うことを禁止の対象としており、文言上は、秀吉があたかも海上賊徒が財物を奪う行為を禁じたように読めるのである。当時、水軍の海上警固により、海上賊徒は影を潜めていたのであり、秀吉がこれを禁ずる必要はなく、秀吉が禁じたのは、通関銭の徴収であったのであるが、この点が巧妙に隠されている。中世における「海賊」の用語は、水軍の意に用いられていたものであるが、秀吉は、「海上賊船」との記載の後、続く文章でこれを「海賊」と略しており、この点も巧妙な文章術である。

　明治時代以降になって、海賊が海上賊徒を意味することとなった後は、この修辞がことのほか功を奏することとなる。海賊禁止令における「海賊」の語感から、海賊禁止令が海上の略奪行為を禁止して船舶航行の自由を宣言した命令との誤解が生ずるようになったのである。世上、秀吉が海上の略奪行為を禁止し、村上水軍がその禁令を犯して弾圧され、滅亡に至ったかのように受け取られるようになったのは、上記のような文章の巧みさゆえである。

　水軍は、先に見たとおり（⇨59頁⑵）、南北朝時代以降、船舶が海上を航行するについて、帆別銭（船舶規模別金銭）・駄別銭（積荷量別金銭）等といわれる通関銭を徴収する権限を領主から認められていたが、海賊禁止令は、水軍からその取得権益を奪うものである。海賊禁止令以降は、海上航行についての通関銭は、秀吉または徳川幕府が取得の権限を有したものであり、海

賊禁止令以降において、船舶の自由航行が認められたわけではない。秀吉が海賊禁止令によって船舶の航行の自由を確保したかのように誤解されることとなったのは、巧みな修辞によるものである。

秀吉以降江戸時代まで徴収された通関銭の内容は、次のとおりである。

秀吉は、古来の重要港である兵庫大輪田泊において、船役銭を徴収することを命じている（『松岡水軍史』638頁）。これは、航海の安全を保証する代償として徴収するものであり、通関銭である。江戸時代に天領であった浦賀（現神奈川県浦賀市）において、通関銭に関する1722年（享保７年）の高札（公示書）が残っている。それによると、船舶は１航行ごとに石銭として「船拾石ニ付銭３文、百石ニ付銭30文」（船舶積載量１石（＝10立法尺＝280リットル）につき３文）を徴収するものとされ、これに加えて近国船は年初に８文徴収し以後何回航行するも可であるが、遠国船は３回航行ごとに８文徴収すると定められていた[82]。浦賀ではこの年から石銭を徴収することとなったとされる[83]。これは水軍が徴収していた通関銭そのものであり、水軍時代も海賊禁止令後も、船舶の航行について、１航行ごとに船舶の大きさや積み荷に応じた航行料が徴収されていたことに変わりがない。この浦賀の高札においては、「石銭請取方ニ付、私曲カマシキ儀之有者、船方之者トモ奉行所江可訴事」（訳：不法な私的通関銭の収受をするものがあれば奉行所に訴え出よ）として、私的な通関銭の収受を厳禁している。

⑵　海賊と海上賊徒の混同の現在への承継

水軍が船舶の通関銭を徴収する行為は、賊徒の財物奪取とは異なるものである。秀吉は、水軍が有する通関銭徴収権を自己のものとするため、あえてこれを海賊行為と呼んで、海上賊徒の行為と混同させたものである。

中世までの史料上、水軍が海の賊徒と同様の略奪行為や誘拐を行っていたとするものは見られない。この実情は、江戸時代以降も同様であるにもかかわらず、明治以降、海賊禁止令が水軍の海上略奪行為を禁じて航行の自由を宣言したものであるかのように誤解されるようになったものであり、海賊と海上賊徒とを混同させる秀吉の計略は、大いに効果を発揮して現在に至って

82　浦賀志録刊行委員会編『浦賀志録（上）』（横須賀市、2009年）61頁。
83　国史大辞典編集委員会『国史大辞典　５巻』（吉川弘文館、1999年）665頁。

いるものといえる。

3 刀狩令との関係

秀吉は、海賊禁止令と同年である1588年（天正16年）に刀狩令を発している。刀狩令の内容は、次のとおりである。

第1条：諸国百姓等、刀・わきさし・弓・鑓（やり）・鉄砲・其外武具のたくひ所持候事、かたく御停止候（以下略）。（訳：百姓が刀・脇差・弓・槍・鉄砲、その他の武具を持つことを固く禁ずる）

第2条：右取をかるへき刀・わきさし、ついへにさせられるへき儀にあらす、今度大仏御建立候釘・かすかいに被仰付へし。然ハ今生之儀は不及申、来世迄も百姓相たすかる儀に候事（以下略）。（訳：今般取り上げた刀等の武具は、無駄にされることはなく、建立する大仏殿の釘・かすがいにするので、百姓は今世は申すまでもなく、来世まで救済される）

第3条：百姓ハ農具さへもち、耕作を専に仕候へは、子々孫々まで長久に候（以下略）。（訳：百姓は農具を持ち、耕作に専念すれば、子々孫々まで安寧である）

刀狩令は、国民に刀・弓を持たせないことにより、国民が平穏な生活を送れるようにするものであると説明されることがある。特に明治政府はこの趣旨を強調し、帯刀禁止令（明治9年太政官布告第38号）を発するについて、明治政権の温情ある姿勢をアピールしようとした。その帰結として、明治当初、捕亡吏（後の巡査）に対しても、木製の警棒以外の武器を持たせないこととし、その結果、刀を持った浪人の反撃で捕亡吏が命を落とすという事態が頻繁に起こった。これに対する批判を受けて、その後、明治政府も、捕亡吏や巡査に武器を携行することを許すことになったが、権力者が流布する美談には裏があることが多い。

刀狩令についていうと、これは、本願寺の信者である百姓等の反撃に手を焼いた秀吉が、百姓から刀・脇差・弓・槍等の武器を没収することを命じたものである。古代以降中世に至るまで、我が国の農民は非常勤の兵士として、自前の武器を持って戦闘に加わる態勢にあったこと（⇨19・31・42頁）が刀狩令の背景にある。この時代、百姓からは武器を取り上げたものの、武

士は刀・弓等で武装して戦っていたものであり、国民一般から武器を取り上げたわけではない。刀狩令の文中で、秀吉は、没収した刀等は鋳直して寺の建立の際の釘やかすがいにするので百姓は来世においても救われると諭しており、ここでも策略家ぶりを示している。海賊禁止令により、水軍と海賊を混同させて通関銭の徴収権を奪った手法と同じく、ここでは武器の放棄が死後の幸福につながると説いて百姓から武器を取り上げたのである。なかなかの策略である。海賊禁止令が海上の賊徒行為を禁じる趣旨でないのと同様に、刀狩令も国民の安全を保護するために武器の所持を禁じたものではないのである。

4 太閤検地との関係

秀吉は、1582年から1598年までの間に、全国に令して太閤検地を行っているが、これは全国の陸地の領有権とこれに基づく租税徴収権を太閤秀吉が取得するための施策である。奈良時代である743年に発せられた墾田永年私財法（⇨35頁②）は、その後も領主の土地私有を認める法制として機能してきたが、太閤検地は、これを否定して、全国の領地すべてをいったん太閤秀吉のものとして供出させ、それを各大名に分与することにより、中央集権国家を築くこととしたものである。秀吉が大名に領有を認めた土地は、秀吉の命により、削封、移封、加封を自由に行うことができたのであり、従来とは質の異なった中央集権の国家統治体制である。一方、海賊禁止令は、海の支配権と、通関銭を徴収する権限をすべて太閤秀吉が取得し、秀吉以外の者が通関銭を取得することを禁止して、海の支配権と租税徴収権を確立するものである。これを法制面から観察すると、海賊禁止令は、海の領有権および船舶の海上航行に課する通関銭の徴収権をすべて太閤秀吉に集中するものであり、太閤検地もこれと同じ性質を持つ施策なのである。

Ⅱ

瀬戸内水軍の瀬戸内からの退去

1　秀吉の四国征伐と瀬戸内水軍

　1573年に将軍足利義昭が織田信長により京都から追放され、室町時代が終わったが、追放された足利義昭は、1576年、備後鞆の津（現福山市鞆浦）に至り、毛利氏に対し、織田氏と対戦することを求めた。この命を受けて、毛利氏は、反織田の戦いの最前線に立つ石山本願寺を救援することとし、能島村上水軍・因島村上水軍を主力とする第1次木津川合戦において、織田軍を破って勝利した。しかし、この合戦後に軍船を改造する等の水軍体制の整備を図った織田軍は、1578年の第2次木津川合戦において毛利軍に勝利した。

　織田・毛利氏の戦いは、1579年ごろから次第に毛利氏不利の情勢となり、1581年には信長および秀吉から村上武吉に対し、希望があれば何でも聞こうという趣旨の書状が届くなどしたが、村上武吉は、これになびかなかった。これに対して来島村上水軍は、1582年4月、秀吉に従うことを決し、ここに3島村上水軍が分裂することとなった。その他の瀬戸内水軍の中では、塩飽水軍が信長・秀吉に従うことを決めた。

　信長の死により秀吉と毛利氏の間で講和が成立し、秀吉は、1585年（天正13年）6月、四国平定を決め、毛利氏も四国征伐のため出兵することとなった。毛利氏の武将として四国平定の任を負った小早川隆景は、順次これを平定した後、同年8月、河野氏の本拠である湯築城を包囲し、説得により城主河野通直にこれを明け渡させ、道後に蟄居させた。その後、河野通直は、毛利氏の支配する竹原（現広島県竹原市竹原町）の鎮海山城（珍海山城）に居住することとなり、1588年、鎮海山城において病により逝去した。小早川家と河野家は、元は毛利家の下で盟友関係にあり、縁戚・姻戚関係もあったが、秀吉の命によって攻撃が加えられたものであり、説得による城の明渡しや、毛利氏の支配する竹原に居住させたことは、従来の毛利氏と河野氏の関係を考えると頷ける。

　これにより、河野氏は伊予の領地をすべて召し上げられ、伊予35万石は小

早川隆景に与えられた。河野氏に従った忽那水軍も、その後、厳しい措置を受けた（⇨124頁③）。一方、秀吉に忠誠を尽くした来島水軍の来島通総には、伊予国風早・野間両郡で1万4000石が与えられ、以後、来島家は大名として遇されることとなった。来島通総と共に小早川軍の先鋒として戦った通総の兄である得居通久も、伊予国風早郡に3000石を与えられた（⇨124頁②）。

2　武吉父子の能島城からの退去

(1)　退去時期に関する2説の存在

　秀吉の四国平定後、能島村上水軍を率いる村上武吉は、瀬戸内の島嶼部から退去することになるのであるが、それが1585年であるか、1587年であるかについて、2説の対立がある。この両説のうちいずれを採用すべきかが、嫡流能島村上家の位置付け、ひいては今治海事クラスターにおける能島村上水軍の存在に関する重要な事実となるので、史料に基づく正確な事実認定を要するところである。

　結論からいうと、村上武吉が能島城を退去したのは、秀吉が海賊禁止令を発する1588年の前年となる1587年であると考えられる。その理由を以下に詳述する。

(2)　第1説（1585年説）

　第1説は、1585年（天正13年）明渡し説であり、この説を唱えるのは、村上和馬氏と森本繁氏である[84]。村上和馬氏は、地元で長く教員を勤めた後、郷土史家として多数の書籍を執筆し、伯方島町誌における中世史部分の執筆者でもある。森本繁氏は、岩城島（愛媛県越智郡上島町岩城所在）の出身の政治史研究者であり、著作も多い。

　第1説は、小早川隆景が河野氏を降伏させた後に、直ちに能島村上水軍の本拠である能島城を攻め、この戦いに敗れた武吉一族は1585年能島城を明け渡し、能島から大島に逃れ、そこから毛利氏領内竹原（現広島県竹原市竹原町）の鎮海山（珍海山）城に逃れたとする。

---

[84]　『伯方島誌』86頁、『伯方町誌』332頁、村上和馬『伯方島の歴史と伝説』（伯方町教育委員会、1985年）33頁、森本繁『瀬戸内散策』（佐々木印刷出版部、1978年）193頁、同『歴史紀行瀬戸内水軍』（新人物往来社、1987年）235頁。

森本繁氏は『歴史紀行瀬戸内水軍』235頁において、次のように述べる。
「隆景は大群を率いて能島城を襲ってきた。隆景軍の火攻めにより、能島城
は、たちまち全島が火だるまになってしまった。戦いに敗れた武吉父子は、
夜陰にまぎれて島を脱出し、大島に上陸し、宮窪から付近の山地へ逃げ込
み、手傷を負う敗兵をまとめて竹原珍海山城に移った」。これが「はしが
き」に掲げる能島城焼討ち説である。

　村上和馬氏も、1585年退去説をとり、『伯方島誌』86頁において、次のよ
うに述べる。「未明、能島の軍兵は天をこがす火焔に「アッ」と驚きの声を
あげた。松明の燃えさかる何百何千というイカダが、満ち潮に乗って能島へ
能島へと押し流されて来たからである。火は島に燃え移り、さらに坂をはい
のぼって城郭へと迫った。(中略)敵は能島上陸作戦を敢行してきた。(中
略)地獄さながらの激しい戦闘がくり展げられた」。森本繁氏と同じ能島城
焼討ち説である。もっとも、村上和馬氏は、その後刊行された『伯方町誌』
332頁においては、「(能島水軍は)住みなれた領地を小早川氏に引き渡し、そ
の代償として、能島家は隆景の旧領、竹原七万石の領主として竹原珍海山城
に入った」とし、『伯方島の歴史と伝説』33頁においても、「武吉は小早川隆
景に味方したので攻められなかった」としているが、依然として1585年明渡
し説は「間違いない」としている。1万石を持てば大名であったこの時代
に、焼討ちで追い払った武吉に対して7万石もの領地が与えられるはずがな
いことから見ても、この説の信用性は疑わしい。

(3)　**第2説**（1587年説）

　第2説は、1587年明渡し説である。この説をとるのは、『周防大島町誌』
170頁、『宮窪町誌』84頁、『村上家文書調査報告書』16頁である。これによ
ると、次のような動きとなる。

　村上武吉は、かつて1571年の能島城攻めにおいて小早川隆景に敗れ、以後
隆景に従うこととなり、隆景の四国攻めにおいては、隆景の軍勢の人員・物
資の輸送を助ける後方支援の役割を果たした。隆景は、秀吉の命により、
1585年、村上水軍父祖の重要地である務司島城・中途城の両城を来島水軍に
明け渡すよう武吉に命じ、その代償として、隆景から武吉に対し、来島家支
配であった屋代島（周防大島）の来島家知行分および能美島、江田島が与え

られた。武吉は拝領した屋代島に居宅を設け、ここに一時居住していたが、1587年6月に隆景が伊予から筑前に移封され1587年筑前国（現福岡県）の名島城（現福岡市東区名島所在）に入ったため、同年、武吉は隆景に従う形で能島城を明け渡し、筑前加布里村（現福岡県糸島市加布里）に移った。

(4) 両説の検討

第1説は、村上三家由来記に「村上掃部頭武慶の子孫一門悉く天正13年9月、同年7月より9月に至る間に河野屋形（河野主家）予州没落に依りて、芸州竹原へ退去につき、同時に随従退去す」と記載されていることに基づき、唱えられたものである（『松岡水軍史』620頁）。しかし、秀吉の命により追放された河野氏の竹原鎮海山城への移転に追随して、同じく秀吉の命により瀬戸内から退去すべき能島村上水軍が、主家である河野氏の蟄居先である竹原鎮海山城に寄り添うということが、秀吉との関係で許されるはずがなく、村上三家由来記の上記記載の信用性は極めて疑わしい。村上武吉父子は、1595年に小早川隆景が安芸国に所領を得て、肥前から安芸国に移転したのに伴って、同年、肥前国から安芸国江波に移転し、その後竹原に移っているが、それは関ケ原の戦いの直前である（⇨124頁）。現在、竹原に「武慶の墓」と銘打った墓碑があり、それも第1説の根拠の一つとされているのであるが、墓碑に記された逝去年は1600年（慶長5年）であり、武吉の子である元吉の逝去年と一致する（⇨126頁）。この墓碑の武慶の記載は誤記であり、この墓碑は元吉のものである。

太閤秀吉が海賊禁止令を発したのは1588年であるが、第1説によると、能島村上水軍が1585年に瀬戸内を去り、他に秀吉の命に従わない水軍はない状況であるにもかかわらず、それから3年という歳月を経てから海賊禁止令が発せられたことになり、この点でも不自然の感を免れない。

以上のとおり、村上武吉一族が能島城を明け渡したのが1585年であるとするのは不自然であり、まして、能島城が隆景の焼討ちに遭ったという事実については、何の裏付けもない。能島城焼討ちの話は後世の創作である。

第2説が指摘する次の点は重要である。すなわち、隆景は、秀吉の命により、1585年、村上水軍父祖の重要地である務司島城・中途城の両城を来島水軍に明け渡すよう武吉に命じたが、その代償として、隆景から武吉に対し、

来島家支配であった屋代島（周防大島）の来島家知行分および能美島、江田島が与えられているのである。この措置により、武吉が屋代島に領地を取得した事実は、関ヶ原の敗戦後の毛利氏の新体制において、武吉に屋代島の領地が与えられたことと符号する。武吉が竹原に移ったのではなく、小早川隆景の筑前への移転に伴って、筑前に移ったとする点も、事実の流れとして無理がない。第2説は、敵に焼討ちに遭って能島城を退去したとする第1説とは異なり、能島村上水軍自らの意思に基づく計画的退去である点も、その後の毛利家と武吉の関係から見て自然である。第2説が正当である。第2説をとると、能島村上水軍が能島城を退去するについて、配下に十分な準備をさせるゆとりがあったことになり、嫡流能島村上家にとっては、非嫡流武吉一族に従って筑前国に移るか、伯方島に残留するかを熟慮することができたといえる。この中で、嫡流能島村上家一族、すなわち、木浦六軒株は、伯方島に残留する決断をしたものと考えられる（⇨133頁(2)）。

3　能島城退去から関ヶ原の戦いまで

これまで武吉を庇護していた小早川隆景が、1587年、筑前国に移封されて名島城に移ったことから、武吉およびその嫡子元吉は隆景に従う形で筑前に移ることとなり、1587年能島城を明け渡し、一族の武士を引き連れて筑前に移り住んだ。この年、武吉は嫡子である元吉に家督を譲っている。武吉と元吉は小早川隆景から所領を与えられ、二男である景親および一族の武士一同も武吉に従って筑前に移り住んだ。

秀吉は1588年に海賊禁止令を発した直後、小早川隆景に対し、「村上武吉の一族の者が禁令に反して海賊行為（帆別銭徴収）を働いたので隆景が適宜処置せよ」との朱印状を発している。これに対し、その前年である1587年に武吉を筑前に迎えていた小早川隆景は、穏便にことが運ぶよう秀吉に取りなし、秀吉の下には武吉の家督を承継した元吉が出向いて弁明をし、武吉はすでに瀬戸内海を離れていたことなどから、秀吉からの咎を免れている。

小早川隆景は、その後1595年安芸国に所領を得て移り、武吉もこれに伴って広島城近くの安芸国江波に移った。1597年に隆景が逝去した後は、隆景の嫡子として養子に迎えられた小早川秀秋が秀吉の子である関係で、武吉は小

早川家に仕えず、毛利輝元に仕えた（『周防大島町誌』171頁）。翌1598年、輝元が引退したのに伴い、武吉は、毛利氏の支配地である安芸国竹原に移り、同時に景親も上下蒲刈島に1000石を拝領して、両者とも、毛利氏内において厚い処遇を受けた。しかし、その後、1600年に関ヶ原の戦いがあり、毛利氏は、西軍側で戦って敗れたことから、中国地方10か国200万石の所領から周防および長州の2か国36万石に削封され、これに伴って能島村上家、因島村上家も苦難の時期を迎える。

4 因島・来島村上水軍と忽那水軍の瀬戸内退去ならびに塩飽水軍の残留

① 因島村上水軍

1587年の能島村上水軍の能島城退去に伴い、因島村上水軍当主村上吉充は、同年、一族を伴って鞆の浦の因島村上水軍の居城に移動して瀬戸内を退去した。その後の因島村上水軍が辿った道程については、後に詳述する（⇨158頁）。

② 来島村上水軍

来島水軍は、信長・秀吉に従って戦うこととなり、秀吉の四国征伐においても、来島水軍当主来島通総は、兄の得居通久（通之、通幸）と共に伊予侵攻の先陣を務めた。秀吉の全国統一後、当主来島通総は、伊予風早郡および野間郡に1万4000石を与えられて大名の地位を取得し、通総の兄得居通久も風早郡内に3000石を与えられるなど、秀吉の統治当時は瀬戸内で厚遇を受けた。通総は、1597年、秀吉の朝鮮出兵の軍に加わって戦死し、その後を継いだ来島康親（長親）は、関ヶ原の戦いで西軍に付いて戦った。関ヶ原の戦いの敗戦後、来島氏は瀬戸内を去ることとなったが、1601年、豊後国森（現大分県玖珠郡）において1万2000石を与えられ、姓を来島から久留島に改め、江戸時代を通じて森藩主として大名の処遇を受け、明治時代には華族の身分を得た。

③ 忽那水軍

忽那氏は河野氏の配下にあったことから、秀吉の四国征伐において、村上水軍が小早川隆景の側で行動する中、忽那氏は、唯一河野氏に従って戦い、

忽那氏の当主である忽那通著は戦死を遂げた。その跡を継いだ忽那通恭もほ
どなく戦死した。1585年、河野氏は道後に蟄居し、その後伊予を去った
（⇨119頁）が、忽那島にとどまった忽那氏は、伊予今治領の新領主となった
福島正則らが行う「河野狩り」の一環として攻撃を受け、「郷内館 神社仏閣
崩落」と記される最後を迎えた[85]。しかし、忽那水軍の兵士や水主は、関ケ
原の戦いにおいては、東軍藤堂高虎（大須藩領中島領主。江戸時代は今治藩
主）の兵として駆り出され、江戸時代には、徳川家親藩である松山藩の御用
水主として過ごす者も出た。

④　塩飽水軍

　こうして瀬戸内水軍が悉く瀬戸内を去る中、唯一、塩飽水軍は、塩飽諸島
を離れることなく、江戸時代まで島内での自治的統治体制を認められる存在
となった（⇨50頁(2)①）。

85　忽那祐三・前掲注25・283頁。

江戸時代の武吉一族

1 関ヶ原の戦いでの敗戦

1600年9月15日、関ヶ原において、徳川家康の東軍と豊臣家の西軍は、戦端を開いた。村上武吉の二男村上景親は、毛利輝元に従って行動し、大津、伊勢湾阿濃津等で先陣を務め、武名を上げた。武吉は、関ヶ原の戦いの四国路における西軍の戦列の強化を図るため、嫡子元吉と共に芸兵を率いて9月16日伊予三津浜に上陸した。しかし、ここ三津浜刈屋口の戦いで武吉の軍は敗れ、嫡子元吉は9月18日、ここで戦死した（享年48歳）。この戦列に因島村上水軍の村上吉充・吉亮父子および吉充の弟村上吉忠も加わったが、吉忠はここで戦死した。9月15日に戦いが始まった関ヶ原では、景親らの奮闘にもかかわらず、毛利軍の友軍であるべき小早川秀秋が東軍に与したことなどから、西軍は総崩れとなって敗退した。

2 関ヶ原敗戦後の萩藩の体制

① 毛利氏

関ヶ原の戦いで西軍総大将を務めた毛利輝元は、その敗戦により、安芸国を中心とする従来の支配地10か国のうち8か国を失い、周防および長門の防長2国に封じられた。削封されるに及んで、輝元は剃髪して幻庵宗瑞を名乗って隠居し、家督を秀就に譲って隠居したが、実質はその後も毛利氏を差配した。

毛利氏は、1600年11月、藩庁の候補として、周防国の要港三田尻近くの防府桑山（現防府市）、周防国北部で旧大内氏の居城があり由緒ある山口高嶺（現山口市）、長門国北部の萩指月山（現萩市）の3か所を徳川家に願い出たが、防府・山口は許されず、日本海側の萩に築城せざるをえないこととなり、その後毛利氏の支配地は萩藩と呼ばれることとなった[86]。

---

86 小川國治『長州と萩街道（街道の日本史43）』（吉川弘文館、2001年）63頁以下。

毛利元就┬ 毛利隆元 ── 毛利輝元 ── 毛利秀就
　　　　├ 吉川元春┬ 吉川元長
　　　　│　　　　├ 吉川元氏
　　　　│　　　　└ 吉川広家（初代岩国領主）
　　　　├ 小早川隆景 ── 小早川秀秋
　　　　└ 穂井田元清 ── 毛利秀元（初代長府領主）

　毛利氏は、藩庁が決まると、直ちに藩の支配体制を整えることとなり、1600年11月、藩に四つの支藩を置くことを願い出て許された。最重要支藩は、長府領と岩国領であり、藩東西の守りの要地とされた。長府領には毛利秀元（毛利元就の孫）を置き、豊浦郡（現下関市）の３万6000石を与え、岩国領には吉川広家（毛利元就の孫）を置き、玖珂郡（現岩国市）と大島郡（現山口県大島郡周防大島町）のうち３万石を与えた[87]。能島村上および因島村上の各家は、これら２つの重要支藩にそれぞれ給地を与えられることとなる。

②　村上武吉一族

　武吉は、1600年、関ヶ原の敗戦で周防の上関（山口県熊毛郡上関町）の深浦に上陸して越年し、翌1601年１月、吉川広家を領主とする岩国領大島郡周防大島（屋代島）の屋代島安下庄に移転し、その３月、屋代村内に1500石の知行を得て、和田に居を構えた。武吉は、1601年、当時わずか７歳であった孫の元武に家督を継がせ、自らはその後見人として行動した（『周防大島町誌』171頁、『松岡水軍史』690頁）。

　武吉の二男景親は、武術に優れ、関ヶ原の戦いでも毛利輝元の先陣を務めて高名を上げており、毛利輝元は、その器量を買って、武吉・元武一族（後の村上図書家）とは別に、景親にも同じ屋代島に1500石の知行を与え、屋代島に屋敷を置かせた（後の村上一学家）。毛利輝元が、武吉の二男である景親に対し、武吉の嫡流である元武以下に匹敵する領地を給しているのは、輝元

87　小川國治・前掲注86・65頁。

が嫡子秀就に毛利家の家督を譲った際に、輝元と同じく毛利元就の孫である吉川広家と毛利秀元を、それぞれ岩国領と長府領の領主に任じたのと同様に、村上武吉の嫡流家と二男である景親が互いに牽制しつつ連携して（⇨170頁）、毛利家を支えることを期待したものと見ることができる。武吉の嫡流家である図書家と景親の村上一学家は、それぞれが萩藩船手組の組頭として毛利家を支えることとなっていく。村上図書家と村上一学家は、領主から共に給地を与えられたため、本家・分家の関係にはならず、双方が独立した毛利家家臣となった（『周防大島町誌』172頁、『松岡水軍史』644頁）。

　もっとも、両者の知行が1500石であるとはいっても、毛利家は、領内の租税を先食いしていた関係で、新領主への返租問題を抱えており、各支配地内から給米のかなりの部分を供出する必要があり、実際には、それほどではなく、家臣を減らす必要があるなど、大きな困難が伴った。

　③　因島村上家

　因島村上家については、1600年に長府領豊浦郡矢田間（現下関市豊北町矢玉）に給地を与えられ、その後、1605年ごろ、毛利水軍が萩藩船手組に改組されたのを機に、矢田間から岩国領大島郡周防大島（現山口県大島郡周防大島町）の三蒲に給地が変更され、能島村上家と共に、萩藩三田尻の警固町に下屋敷を与えられ、能島村上家が組頭を務める毛利藩船手組の番頭に任じられた（⇨159頁）。

　④　来島村上家

　来島村上家は、関ケ原の戦いで西軍として戦ったため、移封されることとなったが、伊予の領地に代えて、豊後の森に1万2000石の領地が与えられ、森藩藩主として、3島村上水軍では唯一、大名の地位を得た。塩飽水軍が江戸時代も塩飽諸島の自治権を与えられたのと同様に、信長の段階から一貫して信長・秀吉に従った来島水軍は、江戸時代にも寛大な処遇を受けた。

3　萩藩における武吉と武吉直系能島村上家

　村上武吉は、1604年（慶長9年）8月、屋代島（周防大島）和田で逝去した（『萩藩閥閲録』村上図書記、『松岡水軍史』690頁）。毛利家は、これを機に、1605年ごろ、従来海賊衆と呼ばれていた毛利水軍を萩藩船手組に改め、従来

毛利水軍において8組の組を設けていたものを7組とし、村上元武および村上景親をそれぞれ組頭に任じた。このとき、元武は、わずか10歳であったが、毛利家は、元武に萩藩城下である萩飯田町に居宅（出屋敷）を与え、知行を1500石から2000石に増加させ、寄組（船手組の統括組頭の地位に相当し、永代家老に次ぐ家格）の処遇を与えた。能島村上水軍の元武・景親は、いずれも萩藩船手組の組頭に就いたことから、船手組の本拠である周防三田尻（現防府市）の警固町の下屋敷に詰めることとなった（『周防大島町誌』172頁、『因島市史』433頁）。

　萩藩船手組創設年について、これを1611年（慶長16年）とする説がある。毛利家が同年御船手組を作ることを命じたとする史料に基づく説である（『因島市史』431頁）。しかし、1605年（慶長10年）に武藤就康を毛利藩船手組三田尻御船方とし、1607年（慶長12年）にこれを免じたとの史料があり（『因島市史』434頁）、1607年にはすでに毛利藩船手組が成立していたものといえる。毛利藩船手組と改組した時期が上記のとおり武吉逝去後の1605年（慶長10年）ごろであるとすると、その事実と矛盾しない。その場合、1611年の毛利家の御船手組を作らせる命は確認的なものと解することになる。

　元武の後、1618年、元武の嫡子村上秀就が船手組頭を仰せつけられ、三田尻に務めることとなったが、病気となり、組頭を就武に代わり（『萩藩閥閲録』村上図書記、『松岡水軍史』670頁）、秀就は、1622年、屋代島和田から屋代島の西屋代に移転した（31歳で逝去）。その結果、屋代島和田には村上景親のみが居を構えることとなり、村上図書家は屋代島西屋代に、村上一学家は和田に本屋敷を構えることとなった。

　その後、村上元武の直流は、村上元敬が図書との官途を受け、以後代々村上図書家を名乗り、代々船手組頭に任じられ、併せて毛利家の家老職である寄組に任じられた。村上景親の直流は、村上広清が一学の官途を受け、以後代々村上一学家を名乗り、代々船手組頭に任じられた。萩藩船手組の組数は、その後3組となり、さらに2組に減じられ、2組制の下で図書・一学両家が組頭を独占した。

系図8：嫡流能島村上家[88]・村上図書家・村上一学家系図

村上雅房（まさふさ）—隆勝—
　義雅—吉益—清房—政房—俊房—元頼（もとよし）
　　　　　　　　　　　　—元俊—元直（もとただ）　【嫡流能島村上家】
　義忠—武吉（たけよし）—元吉（もとよし）—元武（もとたけ）—秀就（ひでなり）—就武（なりたけ）—広親（ひろちか）
　　　　　　　　　　　　—元敬（もとたか）（村上図書）　【村上図書家】
　　　　　　　　—景親（かげちか）—元信—就親（なりちか）—景信
　　　　　　　　　　　　—広清（村上一学）　【村上一学家】

88　嫡流能島村上家の系図は、「野島村上家系図」（伯方島白石修蔵氏保管家系図、『松岡水軍史』804頁所収）、「源姓村上家系完」（今治市伯方町村上正明氏保管系図、『伯方島誌』163頁所収）に基づいて認定。

第 **5** 章

嫡流能島村上家の伯方島残留と
江戸時代への承継

I

嫡流能島村上家一族の伯方島残留

1　木浦六軒株の存在

　能島村上家の当主武吉が1587年に能島城を明け渡して筑前に移転した際に、能島村上家一族の武士のほとんどが武吉に従って筑前に移転したのであるが、伯方島木浦の木浦六軒株といわれる一族は武吉に従わず、ここに残留した[89]。木浦六軒株とは、村上家（大深山）、阿部家（沢津）、阿部家（尾浦）、馬越家（尾浦）、原田家（打越）、山岡家（打越）のことである。

2　木浦六軒株と嫡流能島村上家を結び付ける諸事実

　木浦六軒株と嫡流能島村上家との関係については、史料が残っていない。『伯方島誌』89頁では、木浦六軒株は「本家衆」といわれていたとし、『伯方島の歴史と伝統』34頁では「能島本家衆の残党」とし、『伯方町誌』349頁では「村上掃部守の直系の末裔という村上氏」とするが、いずれも言い伝えにとどまるとしている。しかし、伯方島を定点として観察するうちに、木浦六軒株の方々が嫡流能島村上家の一族であることを示す、次の事実に行き当たった。

⑴　木浦六軒株末裔の伯方本城周辺への居住

　木浦六軒株の末裔のうち主要な方々は、今も伯方島木浦大深山の伯方本城（小見山城）の周辺を固める存在となっている。嫡流能島村上家当主村上博典氏は、伯方本城が築かれた地である大深山の東麓の地に業務の本拠を置いておられる。木浦六軒株の沢津阿部家の末裔である阿部克也氏は、大深山の東麓の沢津館（伯方新城）が築かれた地の近くに業務の本拠を置き、長崎山城近くの地に自宅を置いておられる。木浦六軒株の尾浦馬越家の末裔である馬越晴通氏は、大深山東麓にある伯方島三島神社の宮司を務めておられる。

　伯方本城は、伯方島内の本城の周りに、詰城として沢津山に獅子ケ城を

89　『伯方町誌』349頁、『伯方島誌』100頁、村上和馬『伯方島の歴史と伝説』（伯方町教育委員会、1985年）33頁。

持ち、支城として沢津館、金ケ崎城、松ケ鼻城、梅ケ鼻城、長崎山城、御部山城、要害山城を備える複合城塞であり、これが中世の城郭の陣形である。城構えと同様に、木浦六軒株も伯方本城の周りを固める陣形をとっている。

(2)　武吉が能島城を明け渡した年および態様

木浦六軒株と嫡流能島村上家を結び付ける第2の事実は、能島村上家の当主武吉が能島城を明け渡した時期が1587年であること、ならびにその明渡しが筑前に移封となった小早川隆景に従って移転したものであることである（⇨121頁(3)）。この事実によれば、伯方本城の城下である伯方島木浦に在住していた嫡流能島村上家一族にとっては、村上武吉に従って筑前に移転するか、伯方島木浦にとどまるかについて熟議を行うゆとりが生じたものと考えられる。

(3)　非嫡流武吉と嫡流能島村上家当主との関係

第3の事実は、武吉が「能島城合戦」といわれる後継争いで嫡流能島村上家の嫡男義益の一族を攻撃し、この戦いで負傷した義益は、来島家に逗留中に病死したという事実の存在である（⇨110頁）。

この事実を嫡流能島村上家の視点から見れば、非嫡流武吉によって祖先が死に追いやられたこととなり、その際、嫡流能島村上家一族は伯方本城・能島城を明け渡し、非嫡流武吉一族の配下となったものであり、嫡流能島村上家には武吉に対する怨嗟の念が蓄積していたと考えられる。

(4)　嫡流能島村上家の江戸時代における地位

第4の事実は、木浦六軒株の筆頭である村上家当主が、次のとおり、江戸時代に武士の扱いを受け、明治4年以降は士族の扱いを受けていたことである。

すなわち、伯方島における現地調査の過程で、木浦六軒株村上家の末裔で村上石油社長の村上博典氏から、戦前の尋常小学校の卒業証書に、木浦六軒株の子孫である何人かの生徒について、「士族」の表示がされていたという事実が明かされた。士族というのは、明治4年7月14日の廃藩置県を受けて、武士の階級にあった者を士族と認定し、各県の県庁から「士族列ニ差加」という辞令が交付され、戸籍上も士族の表示がされたものである（明治4年4月4日戸籍法・太政官布告第170号）。士族の認定は明治の新身分制度

の根幹をなし、厳格に行われていたことからすると、木浦六軒株の村上家が江戸時代に武士の身分を有していたことは間違いのないところである。嫡流能島村上家の末裔である村上博典氏は、今も日頃の武道場での鍛錬を怠らず、古稀を過ぎても軽い身のこなしと敏速な行動力を有しており、武道を重んじる能島村上水軍（⇨112頁）の血を感じさせる。また、博典氏は、精密な肖像画が今に残る村上景親と同じ骨相・顔相であることも、能島村上家の血を感じさせる。

　木浦六軒株の沢津阿部家の現当主、阿部克也氏の曾祖母は蹴鞠をされていたと聞く。蹴鞠については、今治藩5代藩主松平定郷が、公家であり蹴鞠の家元である飛鳥井雅香から1749年に蹴鞠免許が与えられている（今治城保管文書）。このことからも、蹴鞠は武家一族のたしなみであったと考えられる。阿部家が代々苗字を名乗ることが許されていたこと（『伯方島誌』179頁）からも、阿部家は武士の身分を有していたと推認される。

　『三島大祝家譜』107頁によると、大山祇神社権宮司三島大祝宛てに、1871年（明治4年）10月「士族列ニ差加　松山縣」との辞令が発せられており、三島大祝家は江戸時代に武家であったと考えられる。馬越晴通氏が宮司を務める伯方島三島神社は、1485年に村上雅房が建立したものであり、その由緒と宮司の家柄から考えて、馬越家も武士の扱いを受けていた可能性がある。ただし、『木浦村年代記』の明治4年の記述に、馬越家が士族に差し加えられたとの記載がないので、結論は留保したい。

　白石家は木浦六軒株ではなく、嫡流能島村上家の分家であるが、1688年木浦の庄屋に任命された（⇨141頁②）。白石家の庄屋任命およびそれに関連する村方出入については、『木浦村年代記』に詳しい。この史料は、1635年（寛永12年）以降の出来事について、編年体で記録したものであり、客観的記述がされていて、史料価値が高い。『木浦村年代記』は、能島村上家建立の伯方島三島神社に秘蔵されていた記録であり、村上和馬氏により解読され、その全文が1979年に伯方町観光協会において刊行された。『木浦村年代記』によれば、白石家はその後代々庄屋を務め、1741年、苗字帯刀を許されているので、この年に武士の身分を得たと考えられる。庄屋白石家の武家としての家譜が『今治拾遺』に掲載されていることも、白石家が江戸時代に武家の扱

いを受けていたことを示すものといえる。

　木浦六軒株の各家は伯方島木浦の高台にあり、この事実も武家であることを示唆する。

　これらの事実からすると、木浦六軒株のうちの複数家の当主および分家である白石家の当主について、江戸時代に武士の扱いがされていたといえる。

⑸　嫡流能島村上家の庄屋任命

　第5の事実は、江戸時代、松平定房が徳川家初代今治藩主となった1635年、今治藩内の村々の検地を行い、翌1636年、各村に村役人として、庄屋・組頭・百姓代を任命し、嫡流能島村上家は掃部頭村上雅房の末裔という由緒正しい家柄であるとして、木浦六軒株の筆頭である村上家の当主村上喜左衛門を木浦村の初代庄屋に任命していることである（⇨138頁）。掃部頭は、朝廷の事務を扱う中で機密に接する官職であり、その官途名は高位の家柄であることを意味する。

　伯方村木浦では、嫡流能島村上家は1688年に御役御免となるまで5代にわたって庄屋を務めている（⇨140頁①）。能島村上水軍は、関ヶ原の戦いで西軍に付いて徳川家の敵方であったにもかかわらず、1636年、徳川家の譜代である今治藩から村上家当主が木浦の初代庄屋に任命され、5代にわたり代々庄屋に任命されてきたことは、能島村上家の開祖である雅房が徳川家も認める高い地位にあったことを示すものであり、木浦六軒株に対する江戸幕府からの評価を示す事実である。

⑹　伯方島の海運業との関係

　第6の事実は、伯方島での聞き取り調査結果によれば、伯方島には江戸時代以来木浦を中心として多数の海運業者が存在するが、漁業を行う者はほとんどいないことである（『伯方島誌』109頁も同旨）。伯方島の漁業は、戦後今治沿岸域から移ってきた者により行われているにとどまる。一方、武吉が能島城を退去する前には能島村上家の武士（士分）が数多く居住していたと思われる大島には、今も海運業者がおらず、漁業者が中心であることも、伯方島、大島での聞き取り調査の中で確認できた。

　村上武吉が能島城から退去した当時、伯方島や大島には多数の能島村上水軍の武士の居所があったと考えられるが、伯方島に江戸時代以来海運業者が

多いということは、江戸時代以来水軍の士分が居住してきたということである一方、大島に能島村上水軍を引き継ぐ海運業者がおらず漁業者が中心であるということは、大島の能島村上家に属する武士は、武吉に伴って筑前に移転したものとの推測に一つの事実を加えるものといえる。

3　木浦六軒株と嫡流能島村上家との関係

　以上の事実を総合すると、伯方島木浦の木浦六軒株は、嫡流能島村上家一族であり、嫡流能島村上家当主およびこれに仕える武士（士分）一族であったと認められる。この事実からすると、能島村上水軍に属する武士が能島城から退去して筑前に移転した後も、「木浦六軒株」といわれる嫡流能島村上家一族は伯方島木浦に残留して現在に至っているものといえる。1587年、武吉が筑前に移転した際に、木浦の武士は小見山城の城代能島内匠頭義久を含めて、ほぼ全員が武吉に従ったが、嫡流能島村上家一族の武士はここにとどまり、木浦六軒株を構成することになったものである。

コラム4　　嫡流能島村上家の人々

　村上水軍は3島村上水軍（さんとう）といわれており、能島村上（のしま）・因島村上（いんのしま）・来島村上（くるしま）の三家の連合した存在である。私の村上水軍研究は、伯方島（はかたじま）を定点とした能島村上水軍の研究であった。伯方島という瀬戸内海の島を原点として、そこから海を通じて国内と海外の区別なく、世界に羽ばたく嫡流能島村上家の末裔の方々にお会いすることができた。嫡流能島村上家の末裔の方々とは、その後も親しく交流させていただいている。そのご縁により、全国各地でご活躍の村上水軍ゆかりの方々と交流する機会を得て、私の狭い世界が一気に広がった。私は裁判官を定年退官した後、弁護士になって5年半を過ごしたが、規律が厳格な裁判官当時には、こういう自在な交流はできなかった。交流した皆さまから思いっきり元気をいただき、「これまで裁判官を40年やってきたので、これから弁護士を40年務めたい」と裁判官退官時に公言してきたことが、現実化する気配がある。残すところ、あとわずか34年である。
　2018年8月には、台風19号が西海に去った直後に松山空港に降り立ち、台

風20号が四国を直撃する直前に伯方島に入り、台風の風雨の中、嫡流能島村上家末裔の方々と親しく交流させていただいた。水軍は台風を恐れない！その証しとして、台風当日、能島村上家菩提寺禅興寺の村上雅房公の墓前で撮影した写真を掲載させていただく。後方が菩提寺禅興寺の創建者である村上雅房公と御令室の墓碑、後方は公ご逝去の際に植えられた樹齢500年を超える大楠である。

　格言を一つ：「水軍は新たな世界の案内人　自在な航行自在な海路」

写真2：嫡流能島村上家の方々と共に

　左から阿部克也氏、筆者、村上博典氏、馬越晴通氏

嫡流能島村上家の江戸時代への承継

1　嫡流能島村上家当主の庄屋への就任

　今治藩は、初代藩主の藤堂高虎が1608年、伊勢国津藩に領地替えとなり、第2代藩主の藤堂定時も1635年、伊勢国名張に移封となって、徳川家から藩主を迎えることとなり、1635年松平定房が徳川家初代今治藩主として入国した。松平定房は、兄である松平定行が徳川家初代松山藩主として松山藩に転封となるのに従う形で、今治藩4万石の藩主となった。松平定行・定房とも徳川家康の異父弟であり、松山藩は親藩、今治藩は譜代と、いずれも高い家格である。その統治の当初である1636年、新藩主の命に基づく検地が行われ、これに基づく体制整備として、同年、木浦六軒株の筆頭である嫡流能島村上家の当主、村上喜左衛門が伯方島木浦の初代庄屋に任命された（『木浦村年代記』1～2頁、『伯方島誌』99頁、『伯方町誌』349頁）。

2　伯方島木浦における庄屋の職務

⑴　伯方島木浦の海事関係職務の重要性

　中世末から近世にかけて船舶が大型化し、南岸・北岸・中央の瀬戸内海の3航路のうち航路が最も短い中央航路（沖乗）が近世以降の主要航路となり、中央航路を用いるためには、伯方島脇である鼻栗瀬戸（伯方島・大三島間）または船折瀬戸（伯方島・鵜島間）を通る必要があった。この両瀬戸の監視・警固は、能島村上水軍が能島城から退去した1587年以降は、木浦の大深山（小見山）からの監視・警固に頼るほかないこととなった。そのため、江戸時代には、木浦は重要港の位置付けを受け、木浦の庄屋の職務の中で海事関係の職務は極めて重要な位置付けを受けることとなった。

⑵　他藩における海事関係職務の内容

　今治藩における重要港である木浦の庄屋の海事関係の職務内容を明らかにするため、まず、江戸時代の他藩の実情について見てみることとする。

　江戸時代初期に今治藩と同じく松平家から藩主を迎えた松山藩には、江戸

時代の史料が豊富に揃っている。その概要は、『愛媛県史』近代（下）に掲載されているが、これによると、松山藩野間郡の波止浜・宮崎等は海上警備の要所であり、波止浜湾、大角鼻、梶取鼻等があることから、1653年、海上、港湾の監視・警固のため野間郡に浦手役が置かれている。今治藩の伯方島木浦も、これに劣らない藩の重要港である。

　松山藩浦手役の職務は次のとおりである。①御座船（藩主の船）が出るときの海上警護に当たるなどの公議船の警護、②海難救助、③北前船その他の大型商船（五百石船、千石船）の通過管理、④朝鮮通信使の通過管理、⑤水先案内、⑥船舶の港への出入りの管理、⑦異国船・不審船の監視・排除、⑧外国人の漂流の救助および長崎への移送。これに加えて、⑧浦手役は自らも海運業や内外貿易に当たった。

　浦手役は、松山藩のほか、松山藩預けとなった幕領川之江にも置かれ、大庄屋の位置付けを受ける高位の村役人であった。川之江（愛媛県川之江市）は土佐・阿波をにらむ四国の要衝であり、江戸時代には重要港であった。

　また、浦手役は武士の扱いを受け、苗字の使用も許され、その配下に複数の武士（士分）を抱え、その下に大船頭、小船頭、船手大工、歌頭、水主、諸作事掛などがいた。1847年に古島瀬戸で幕府の御用船が難破し、浦手役が陣頭指揮をとって救助や御用船引揚げに尽力し、藩から褒美が出ている。

　松山藩においては、周防・伊予間の防予諸島を見渡す位置にある海路監視の要所、堀江村（現愛媛県和気郡堀江）において、庄屋に浦方改役を兼ねさせ、浦手役と同様に港湾の警固・管理に関する職務を行わせたとされている。

　なお、江戸幕府の天領であった浦賀には、幕府の重要港として浦賀奉行が置かれており、また、海事関係の職務を遂行する者として、名主のほか、浦方役が置かれており、東西浦賀と三崎城ケ島における海事業務を担当した。江戸幕府成立の直後1630年ごろ（元禄年間）、名主であった浦島六郎兵衛が浦方役に職務替えとなり、後任の庄屋は職務繁忙ゆえに二人制になったとする史料があり、重要港の村役人の職務が多忙であることが示されている[90]。

90　浦賀志録刊行委員会・前掲注82・41頁。

⑶ 伯方島木浦の庄屋の職務内容

　翻って今治藩の状況を見ると、伯方島木浦は藩の重要港であるが、浦手役が置かれたとする史料はない。木浦が今治藩の重要港であることを考えると、木浦にも相当量の海事業務があり、松山藩と藩制がほぼ共通する今治藩においては、松山藩堀江村と同様に、庄屋が浦方改役の職務を行ったと考えられる。実際、『伯方町誌』355頁には、「1765年、庄屋白石三五衛門監督のもと、木浦港築（改修）始まる」との記載があり、庄屋が港の改修を指揮していることが認められる。庄屋の職務の内容は、松山藩の浦手役の職務内容と同様に、極めて広汎なものであったと推認される。

3　嫡流能島村上家の庄屋退任と白石家の庄屋任命

①　村方出入の発生

　嫡流村上家は、1636年に初代当主が木浦の庄屋に任命されて以降、5代にわたって嫡流能島村上家当主が庄屋に任命されてきたが、第5代庄屋喜左衛門の当時である1683年（天和3年）、村方出入が起こった（『木浦村年代記』3頁）。「出入」とは民事訴訟のことを意味するが、「村方出入」はこれとは異なり、村役人に対する不満を訴える一揆のことをいい、「村方騒動」とも称されるものである。『伯方町誌』350頁は「出入」について「やくざの出入」をイメージしてか、「喧嘩騒ぎ」と訳しているが、正しくない。村方出入の詳細については、書面のやりとりも含め、『木浦村年代記』に掲載されている。村方出入の原因については詳らかでないが、木浦の庄屋の職務内容から見て、水主の徴用その他の役務提供についての不満ではないかと推測される。参勤交代や朝鮮通信使等の通過ごとの水主の徴用は無償であることから、村民にとって甚大な負担であり、それが一揆に繋がるということは十分にありうることである。

②　村方出入についての庄屋処分

　この村方出入が代官野口三郎兵衛の取り上げるところとなり、庄屋村上喜左衛門は御役御免（免職）、与頭村上弥三左衛門は所払（退散と表記。地元居住禁止処分）となり、これに代えて、第6代庄屋には村上弥左衛門が任命され、与頭には、三代目庄屋村上家の娘婿であり村上家の分家である白石

家の白石市郎右衛門と白石比右衛門が選ばれ、代官の承認を得た。その後、
1688年（貞享5年）、第6代庄屋村上弥左衛門が御役御免となり、第7代庄
屋には白石次右衛門が任命されている（『木浦村年代記』3頁）。与頭は、組
頭ともいい、村方三役の役職の一つであり庄屋を補佐する役目を持つ。な
お、第7代庄屋名につき、『木浦村年代記』は白石次右衛門としているが、
「白石家市右衛門昌保家譜」では白石治郎右衛門となっており、これが正式
名である。

③ 白石家庄屋就任の背景事情

　この一連の経過を見ると、各処分は当時としては重いものではなく、処分
の形式を整えた程度にとどまるものといえる。村上家内での庄屋の交代と与
頭の所払は、村方出入（一揆）首謀者への厳罰とのバランス上の処分であろ
う。また、5年後の村上家から白石家への庄屋の交代は、所払となった与頭
村上弥三左衛門の処分解除を庄屋村上弥左衛門が代官に願い出た際に、自ら
が庄屋を退き、与頭を務めてきた白石家に庄屋職を譲る旨を申し出て、庄屋
交代となったものであろう。白石家は村上家の分家であり、本家から分家へ
の庄屋の交代は村上家内の交代にすぎないことから、そのように推認され
る。以後、木浦の庄屋は代々白石家が務め、明治5年の明治政府の指令（太
政官布告第117号）により6月11日、白石家の第8代庄屋白石岩太郎から庄屋
職が返上されるまで、白石家が庄屋を務めた（『今治拾遺』1431頁）。この点
につき、白石家が一時的に庄屋を務めたとする説[91]があるが、正確ではない。

　なお、白石家が最初に庄屋に任命された時期に関し、『今治拾遺』1430頁
掲載の「白石家市右衛門昌保家譜」では1669年とされており、『木浦村年代
記』と異なっているが、『木浦村年代記』は年ごとの出来事を追った客観性
の高い史料であり、かつ、庄屋任命の経緯および内容が上申文言を具体的に
示して掲載されており、当時の史料に基づいた記載であると認められる。し
たがって、『木浦村年代記』に記載された1688年任命が正確であり、『今治拾
遺』の記載は不正確である。

91　大石慎三郎監『愛媛県の地名』（日本歴史地名大系㊴）（平凡社、1980年）234頁。

④ 庄屋交代の理由に関する俗説

村方出入と庄屋処分について、『伯方島誌』100頁では、「木浦村上家3代目市右衛門に男子がなかったので長女に白石家から婿を迎え、その際に名家白石家の要求で庄屋が白石家に交代となった」と記述している。しかし、庄屋は高い官職であり、交代には代官・藩の了解を必要とし、この程度の理由で交代するとは、およそ考えられない。また、市右衛門は白石家の名跡であり、村上家の名跡ではなく、この点も事実に反する。『伯方島誌』の後継誌である『伯方町誌』350頁では、庄屋交代の理由について、「婿を迎えた際の庄屋変更」との説をとらず、「出入を原因とする交代」との説に変更し、「婿を迎えた際の庄屋変更」との説については、そのような「伝承」もあるとするにとどめている。「長女に婿をとるに際して庄屋の地位を白石家に譲り渡した」との説明は、村方出入の責任をとって庄屋が交代になったとの事実を、よりソフトに子孫に説明するための、後世の脚色であろう。

4 木浦における庄屋の職務の担い手

庄屋の職務の広汎性から見て、庄屋の職務は庄屋限りで務まるものではない。特に、木浦は藩の重要港であり、庄屋が浦方改役として海事関係の職務も担当していることから、庄屋の職務範囲が特に広く、海事関係に堪能な補佐役が不可欠であったと考えられる。『木浦村年代記』3頁によれば、与頭（組頭）は村上家を含む木浦六軒株から選任されていることが認められ、白石家が庄屋に任命された経緯から見ても、嫡流能島村上家一族が実質的に庄屋の職務を補佐してきたものと考えられる。

日鮮海運社長の阿部克也氏は、高速クルーザーを駆って海を行き来している。ある日、同氏が12時の待合せにやや遅れて到着したのでわけを聞くと、翌日の会合用の食料を購入する予定で瀬戸内八幡浜を訪れたところ、適切な魚がなく、急遽艇を駆って宿毛（高知県）まで行き、仕入れをしてきたという。この行動は庄屋を支えてきた木浦六軒株の行動そのものであり、この人は間違いなく木浦六軒株の血を引いている。このように瀬戸内から太平洋に即刻移動するような木浦六軒株の補佐がなければ、広範に及ぶ木浦の庄屋の職務が務まるものではないであろう。

5　嫡流能島村上家の現当主

(1)　現代における当主認定の要件

　近世までは、当主が家督承継者を定め、家督を承継した者は、襲名を披露して当主の座に就くことが慣例化されており、当主が誰であるかは明瞭であった。その場合に、家督承継者が先代の名を継ぐこともしばしばであった。嫡流能島村上家は、家督を承継すると、代々村上喜左衛門を名乗ってきた。このような仕組みがとられている間は、当主が誰かの判断は容易かつ明瞭である。しかし、この慣行は、現在では、歌舞伎界や陶工・刀鍛冶などの家に残るのみである。

　現代において、嫡流能島村上家の現当主が誰であるかを認定することは、容易ではない。嫡流能島村上家は、1636年、伯方島木浦の庄屋に任命されたものであり、その後代々庄屋を務めている間は、当主の交代があると、それを代官所に届け出て、家督承継者が次期庄屋に指名される必要があった。そのため、当主が誰かは明瞭であった。しかし、1688年、庄屋の職を分家である白石家に譲って以来、分家が務める庄屋の補佐役である与頭に就けば足りることとなり、与頭は、嫡流能島村上家当主である必要がないこととなる。これに加えて、1947年以降は、家督相続の制度が廃止され、法律上戸主が存在しなくなり、その結果、一族の当主が誰であるかの判定に困難を伴うこととなった。

　1947年に家督相続を廃止する民法改正が行われ、1948年から施行されたが、その民法の中に、家督相続の精神を残す唯一の規定として、第897条（祭祀に関する権利の承継）が設けられている。この規定においては、祖先の祭祀を主催すべき者は、被相続人（前当主）の指定によって定められるものとされており（897条1項但書）、その指定がないときは、慣習に従って祖先の祭祀を主催すべき者がそれを承継するものとされている（同項本文）。そして、被相続人の指定がなく、慣習も明らかでないときは、家庭裁判所がこれを定めるとされている（同条2項）。この規定は、家督相続の精神に基づくものであるだけに、当主認定の要件としても参考になる。

　村上家一族には、家督相続の制度がなくなって以降も、当主が次期当主を

指定することにより、当主が誰であるかが一族に明瞭になるような慣行を持つものもある。嫡流因島村上家がそうである。現当主の村上典吏子氏は、2007年までに前当主である村上七郎氏から第23代当主になるよう指定されている（⇨166頁）。村上家一族である甲斐雨宮家でも、現当主である雨宮智美氏は、2018年に前当主である雨宮東氏から当主として指定されている（⇨87頁①）。しかし、嫡流能島村上家は、戦後65年間にわたり、一族の当主によって次期当主を指定することが行われていない。その場合に、現代の法律制度の実情から見て、嫡流能島村上家の家督を承継したのが誰であるかについて、往時のように史料に基づいて辿るのが困難となる。戦後、すなわち、現代においては、当該一族の当主が前当主によって指定されていない場合には、それを牽引しているのが誰かを客観的事実から観察して当主を認定するほかなく、また、それが現代の法制に適合した認定方法であると考えられる。

⑵　現当主の認定の基礎事実

　この前提に立って嫡流能島村上家について見てみることとする。能島村上水軍は、1390年ごろに成立して以来、武装した海運業者として瀬戸内水軍の要の位置にいたものである。その中の嫡流能島村上家の当主としての存在となる諸要素について、以下に順次検討していくこととする。

　①　浮き沈みを乗り切る力

　浮き沈みを乗り切る力があることは、嫡流能島村上家当主の重要な要素である。村上博典氏の祖父は、戦時中に船もろとも徴用され、フィリピンセブ島にて船ともども戦没された。御尊父は、先代にお世話になったとして支援してくれた方の資金で船を購入して海運業を再開し、機帆船が鋼船に切り替わる時期をとらえて、1962年、機帆船を売却して石油業に進出し、船舶による船舶への燃料・潤滑油の供給のほか、船舶から出る廃油を廃油回収船により回収する廃油関係も業務に取り入れ、燃料油船に加え、潤滑油専用船、高性能多目的船、廃油回収船等を所有し、船舶油関係の各部門で日本のトップクラスの成績を上げている。祖先が船と運命を共にして戦没した後に、戦後、家業を再興して再び浮上したものであり、荒波を乗り越える力があることは、一族をリードする上で重要な要素といえる。

木浦六軒株の一員である沢津阿部家を率いる阿部克也氏は、資産家であった曾祖父が親族等の依頼を受けて保証に応じ、その結果、船1艘を残すのみで、自宅も含め財産をことごとく失われたそうである。そのような中、阿部克也氏の祖父は、戦況悪化に伴って召集令状を受け、所有の船を売却して生活資金にと家族に代金を渡して出征した。その間、祖母は懸命に働き、資金を減らすことなく祖父の帰還を迎え、そのおかげで、祖父は比較的早く船を持てることとなり、海運業を再開した。この困難の中、阿部克也氏は、幼いころ両親と共に船上で生活している。船は家業の資産であるとともに、生活の場でもあったことになる。阿部克也氏が船上生活中の幼いころ、沖に泊めてある船に渡るためのボートが船に繋がれていて岸になく、御母堂は克也氏を連れて夜の海を泳いで船に渡ったとのこと。船と共にあり、海と共にある一家一族である。そのような困難を乗り越えて、今の阿部家がある。嫡流能島村上家当主を支える中心的士分に困難を乗り越える力が備わっていることも、一族にとって重要なことである。

②　本城と支城の連携

　当主には、それを囲む一族が存在することが、必要な要素である。能島村上水軍は、大深山に居城としての伯方本城を持ち、後方の沢津山に詰城（つめのしろ）としての獅子ケ城を持ち、加えて多数の砦としての支城を持ち、これらが複合・連携した陣容を構えてきた。人の関係においても、嫡流能島村上家当主は伯方本城の役割であり、支えの中心となる詰城に家老としての士分を持ち、これに砦としての支城を守る士分を持ち、それらが複合して力を発揮する存在である。

　嫡流能島村上水軍の末裔の方々の中で、村上博典氏の周りには、家老級士分としての阿部克也氏、精神的支柱としての三島神社を守る馬越晴通氏などの複合組織体が構成されており、人的関係においても、能島村上水軍の陣形を体現しているものといえる。

③　海との結び付き

　村上水軍は、1000年の長きにわたって海と結び付いてきたものであり、嫡流能島村上家の海との結び付きも、一族を率いる重要な要素である。村上博典氏の御尊父は、前記①に述べた事情で、いったん途絶えた海運業を再開

し、その後、石油業に転じた際にも、船舶に燃料・潤滑油を供給し、船舶から出る廃油を処理する船舶関係石油業を営んだ。村上博典氏は、これを引き継ぎ、船舶油関係各部門で日本のトップクラスの成績を上げる存在となっている。いったん船を失っても、あるいは業態を海運業から石油関係業に転換しても、海から離れない水軍精神を持ち続けているものといえる。

　阿部克也氏の祖父は、前記①に述べた事情で船を失った後に、再び船を持って海運業を再開し、運賃が後払いの当時、早く払えと騒ぐ船主が多い中、祖父はゆったりと構えて荷主・備船者に気に入られ、船を使ってもらえたという。一家は船上で生活をして、船が家業の資産であり、かつ、生活の場であったことも経験されている。阿部克也氏は、今では伯方島の船主のリーダーであり、今治海事クラスターの中心の一つを担っているが、それは海から離れない水軍精神の賜物であろうと思われる。

④　伯方島との結び付き

　嫡流能島村上家の本拠は、瀬戸内にあり、就中(なかんづく)、伯方島にある。自らの依って立つ地をその活力の源とすることは、3島村上水軍創設以来の哲学であり、それぞれが3島の根拠地である島を活力の源とする姿勢を有してきた。それがゆえに、互いに牽制しつつ連携して、村上水軍の存在を確固たるものにしたものといえる。嫡流能島村上家の方々の行動様式を見てみると、常に伯方島という本拠地から離れない姿勢を持っておられることに気付かされる。

　古くより、遊牧民族型の国民は、新しい地に新しい活躍の場を見つけるという視点で発展を遂げてきた。例えばアメリカを見ると、ポストを渡り歩いてより上位の地位を見出す人、すなわち、昇進を求めて他の組織に移動する人が多い。日本人はこれとは異なり、一つの組織でより上位の地位を得ようとする。弁護士をしていると、海外で安く生産できたり、飛ぶように物が売れるということで、海外に軸足を移した中小業者が、現地従業員の長年の粉飾帳簿に気付かず、そのうちに資産の大半を持ち逃げされて失意に暮れるという姿をしばしば目にする。

　その対極をいくのが、自らの依って立つ地を活力の源とする精神である（⇨179頁）。嫡流能島村上家の方々を見ると、ごく自然に自らの依って立つ

地を活力の源とする様子が見える。これをごく自然に発現できるところが、1000年かけて鍛造されてきた水軍精神なのであろう。

⑤　血と気概

嫡流能島村上家の末裔である村上博典氏に最初にお目にかかったとき、正直いって驚かされたことがある。能島村上家当主の肖像画として最も精巧に描かれたものとして現存する村上景親の肖像画から受けるのとそっくりの印象を村上博典氏から受けたためである。このような経験は、ある人の末裔という人に会われた多くの人が経験するところであろう。この印象を科学的に分析すると、人相学・骨相学の理由付けができよう。阿部克也氏の祖父國夫氏は、戦地から帰還して再び船を持ち、骨太の功績を上げて阿部家の礎を築かれた方であるが、お会いしたことはないものの、写真、立像を拝見する限り、阿部克也氏との血の繋がりを瞬時に感得する。祖先との繋がりが見えるということは、一族を率いる当主の一つの重要な要素である。このような血の繋がりを基礎にして、村上博典氏と阿部克也氏は、一族を牽引する気概（スピリッツ）を強く持っておられる。この気概が、当主承継の最も大きな要素であると考えられる。

(3)　現当主の認定

前記(2)に見た諸要素についての検討内容に照らせば、村上博典氏は、嫡流能島村上家の現当主としてのいずれの要件も満たしているのみならず、当主の気概に満ち、木浦六軒株当時からの家老役である阿部家を率いる阿部克也氏と共にある。いずれの観点から見ても、村上博典氏が嫡流能島村上家の現当主であると認められる。

第 6 章

因島村上水軍の成立と
その後の歴史

I

因島村上水軍の成立

1　因島村上水軍の成立年と初代当主

(1)　師清創始説と義顕創始説

　因島村上水軍がいつ成立したのかについて、二つの説がある。第1説は、村上師清が3島村上水軍の創始者であり、その3人の子に能島・因島・来島の各水軍を創設させたとする説であり、嫡子である村上義顕を能島村上水軍の、二男である村上顕長を因島村上水軍の、三男である村上顕忠を来島水軍の各初代当主としたものであるとする。これに対して、第2説は、師清の子である義顕が3島村上水軍の創始者であるとし、嫡子である雅房を能島村上水軍の初代、二男顕長を因島村上水軍の初代、三男顕忠を来島水軍の初代の各当主としたものであるとする。

　上記の2説のうち、いずれを採用すべきかについては、すでに見たとおり（⇨105頁③）、第1説が相当であり、3島村上水軍の創始者は村上師清であり、師清が3人の子を各水軍の当主としたのは、1390年ごろのことである。第1説をとるべきものである。

　なお、村上顕長と村上顕忠のいずれが二男であるかについて、史料に違いがある。河野家の史料（『予章記』・『予陽河野盛衰記』）は顕長を二男とする。伯方島白石修蔵氏保管文書中の「野島村上家系図」（『松岡水軍史』804頁所収）も、顕長を二男とする。一方、『屋代島村上家文書』村上天皇並能島家根元覚書は、顕長を三男、顕忠を二男とし、これに基づき同様に説明する書籍も複数ある。しかし、3島村上水軍を外から見る立場にある河野家の史料が客観的史料であるということができ、因島村上家初代当主の顕長が二男、来島村上家初代当主の顕忠が三男であると見るのが相当である。

(2)　義弘を因島村上水軍の初代当主とする説について

　因島内には、因島村上水軍の初代当主を村上義弘とする考え方が強い。これは、因島中心部である中庄の青影城を義弘が築城し、因島村上水軍の初代当主となったとする考え方が強いからである。1919年、村上義弘の功績を称

えて義弘に正五位の授与を求める声が高まり、因島中庄村の村長から政府宛てに事績調査書が提出された。その中に、義弘が備後因島村の村上家元祖であると記載されており（「義弘事績再検討」7頁）、義弘を因島村上水軍初代当主とする考え方は、これに基づくものである。因島における義弘の功績については、中庄青影城の城主であったかどうかなど論争が多い（⇨94頁(2)）が、義弘が因島における村上家の元祖であることは疑いのないところであり、義弘が因島における村上家の初代当主であるとすることは理解できる。しかし、能島・因島・来島の各水軍の初代当主を統一的にとらえるとすれば、3島村上水軍が成立した時の当主を因島村上水軍の初代当主と呼ぶのが適当である。そのような観点から、本書においては、因島村上水軍の初代当主を、3島村上水軍成立時の当主である村上顕長とするものである。

年表5：因島村上水軍年表

1377年	師清が今岡通任支配の因島を攻略、因島南東部の支配を回復
1390年ごろ	3島水軍成立。因島は顕長（備中入道、吉豊）が初代当主
1430年ごろ	吉資（吉安、蔵人助、蔵人頭、備中守）が第2代当主を承継
1465年ごろ	吉充（吉光）が第3代当主を承継
1483年	吉直（亀若丸）が第4代当主を承継
1520年ごろ	尚吉（加賀守）が第5代当主を承継
1553年ごろ	吉充（又三郎、新蔵人）が第6代当主を承継
1555年	吉充が厳島合戦に参戦
1557年	吉充が新蔵人の官途状を受ける
1591年	吉亮（吉太、吉祐、新左衛門尉、新庄左衛門）が第7代当主を承継
1600年	関ヶ原の戦い、敗戦後、萩藩長府領矢田間に移る
1605年ごろ	吉亮、船手組番頭。萩藩岩国領大島に移転、吉充は今治藩弓削島に蟄居
1608年	吉充今治藩大島の予添国亀田郷に移る
1610年	吉充、松山藩佐方に移動。ここで晩年を迎える

系図9：因島村上家系図

```
                   ┌─義顕
村上義弘─師清─┤  顕長（吉豊、備中入道、初代当主）─吉資（備中守）
                   └─顕忠
```

─吉充─吉直─尚吉（加賀守）─吉充（又三郎、新蔵人）─吉亮（幼名吉太、吉祐、新庄左衛門）─元充─就實─充尚─充行─保充─充實─充國─充美─充昌─昌輔─健三─七郎─典吏子（現当主）

2　初代当主から第5代当主までの業績

①　初代当主顕長

　村上師清は、1377年ごろ、河野家家臣今岡氏が支配する因島を攻略し、二男顕長（備中入道、吉豊）を因島土生長崎城の城代として置いた（⇨102頁(2)）。

　因島においては、1347年、安芸国竹原の小早川氏平らが東寺荘園である因島庄の年貢を横領し、1348年に小早川氏平と同族の千代松丸が東寺領代官に就任し、年貢の横領を続けていた。しかも、東寺荘園には、他の勢力も侵略しており、年月日は不詳であるが、小早川貞平は、侵略勢力討伐の軍功の賞として、将軍家から因島地頭職を与えられ、その後、東寺の訴えにより、1387年、幕府が先に小早川貞平に付与した下文を召返し、東寺に地頭職を寄進させるなど、混乱した状態にあった。しかし、現実には、小早川貞平の子である小早川春平が代官職に補任され、1388年、春平の横領が表面化するなどし、1377年に村上師清が因島において今岡通任に勝利して因島南部の壬生長崎城に入城した当時には、因島は混乱の域にあったものである（⇨102頁(2)）。

　長崎城の城代となった顕長は、因島の支配の体制を整え、1390年ごろの3島村上水軍成立の際に、顕長は師清から因島村上水軍に関する家督を承継するに至った。顕長は、初代能島水軍当主村上義顕と協力して、1400年ごろ3島村上水軍、河野水軍、忽那水軍による通関銭を徴収する体制を築いた（⇨107頁①）。1507年以降は、この連携体制に塩飽水軍も加わった（⇨109頁

②)。

　因島金蓮寺に併設された資料館である因島水軍城（尾道市因島中庄町所在）
には、『因島村上家文書』といわれる中世の文書が保存されている。この文
書は、村上家当主であった村上七郎氏が因島市（現尾道市）に保管を託した
ものであり、1962年に「紙本墨書因島村上家文書」として広島県重要文化財
に指定されている（⇨166頁）。この文書により、中世の村上水軍に関するい
くつかの事実が正確に認定されることとなっている。

　『因島村上家文書』将軍足利義持御内書によれば、因島村上氏において
は、1427年、4代将軍義持から、播磨へ馳せ参ずるよう催促を受けて出動
し、今後も忠勤を励むよう、因島村上家当主が書状を受け取っているが、そ
の宛先は備中入道とされており、因島村上水軍当主である顕長がこれを受け
たものと認められる。1428年の『因島村上家文書』山名時熙宛行状には、4
代将軍足利義持の求めにより将軍を助けた功により、鞆の浦を臨む田島（文
書中の表記は多島）の地頭職を与える旨の書状も出されており、この宛先も
備中入道とされているので、初代当主村上顕長宛てであると認められる。こ
うして、初代当主村上顕長は、因島およびその海域の支配を確実にしたもの
と考えられる。顕長の妻は、前期村上水軍最後の当主村上義弘の娘であると
されている（⇨92頁④）。顕長がいつまで当主であったのかについては、確
証はないが、1427年の『因島村上家文書』将軍足利義持御内書および1428年
の『因島村上家文書』山名時熙宛行状の宛名がいずれも顕長（備中入道）で
あることから見て、1430年ごろまでと推認される。

②　第2代当主吉資

　因島村上水軍第2代当主は村上吉資（吉安、蔵人助、蔵人頭、備中守、左衛
門太夫）である。吉資は、1430年ごろ因島村上水軍を顕長から承継した後、
1449年には、伊予国守護であった河野教通から伊予国越智郡での戦功を賞さ
れている（『因島村上家文書』河野教通書状）。1454年には渡明可能の船（熊野
丸）を吉資が有していたことの記録があり、大型船を所有して日明貿易を営
むことを含め、海運業に従事していたことが見て取れる（『松岡水軍史』374
頁）。また、吉資は、備中鳴滝城を下りて吉資を頼って因島に入った元鳴滝
城主宮地弘躬とその子である宮地資弘に命じて、1448年中庄八幡宮の改修を

行い、1449年に村上家の菩提寺金蓮寺を建立している。金蓮寺には、吉資が自らを「領主」と表示した棟札が存在している（『松岡水軍史』369頁）。東寺百合文書によれば、1462年には、因島村上水軍第2代当主村上吉資（備中守）が東寺から東寺領因島代官に補任されている[92]。また、1470年ごろ、備後・安芸・山城国守護山名政豊から、「敵船2艘を切り取り、然るべきものを打ち捕らえた」との武功により水軍をよく鍛錬したことを賞されたのも吉資である（『因島村上家文書』（山名政豊感状））。吉資は、1470年ごろまで第2代当主の地位にあったと考えられる。

③　**第3代当主吉充**

第3代因島村上水軍当主は、村上吉充（吉光）である。吉充が第3代当主時の1483年に作成された史料である因島村上家文書に、家督譲渡書がある。この文書は、因島村上水軍第3代当主の村上吉充から4代当主となる村上吉直への家督譲渡書である（『因島村上家文書』村上吉充譲状）。ここには、亀若丸（吉直）に所領（領地）のほか、札浦を譲り渡す旨が記載されている。札浦とは、船舶から通関料を徴収する浦のことをいう。この文書にあるとおり、1483年には、因島村上水軍の札浦の権利は確立したものとなっており、家督譲渡に際し、重要な財産として次代当主に譲渡されていることが見て取れる。

④　**第4代当主吉直**

村上吉直は、1483年、第4代当主として家督を承継したものである。吉直の活動に関する記録は見当たらない。

⑤　**第5代当主尚吉**

因島村上水軍第4代当主村上吉直が1483年に家督を承継した後、第5代当主である村上尚吉に家督を譲ったのは、史料には表れないが、前後の出来事の年月から推測して、1520年ごろであったと考えられる。

3　第6代当主吉充による因島村上水軍の最大化

第6代当主吉充は、因島村上水軍を最大化させた当主であり、これには、

92　後藤陽一・前掲注75・438頁。

地図4：因島村上水軍の主要水軍城

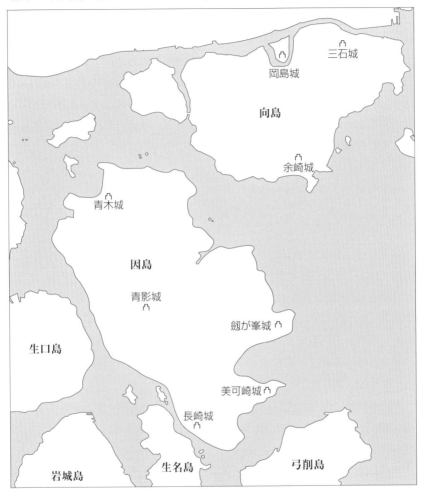

1555年の厳島合戦（⇨111頁）への参戦が大きな契機となった。以下、第6代当主村上吉充について、その統治の詳細を見てみることとする。

　吉充は、厳島合戦に3島村上水軍の一員として因島水軍を率いて戦った1555年には、「若年であった」とされている（『松岡水軍史』481頁）。因島村上水軍の家督を引き継いだ当主が若年であったというのは、何歳くらいかを見ておく必要がある。それが吉充の生まれた年や逝去年の認定にも影響して

くるからである。まずは、おおよその見当を付けるために、著名な武将で、生年月日その他の日が明白な徳川家康の家督承継当時の年齢を参考としてみたい。

　徳川家康は、1543年生まれで、1547年今川家に人質で出て、厳島合戦が行われた1555年には、12歳で今川家において元服している。初陣は、徳川家当主として岡崎城に戻った15歳当時の1558年である。17歳となった1560年には桶狭間の戦いに出陣している。こうしてみると、戦国時代の武将が元服したり、家督を譲り受けたりする年齢は、今とは違い、状況により、10代前半であっても不思議はないことになる。

　村上吉充が1555年の厳島合戦に出たときに若かったとなると、当時15歳前後であったと考えられ、吉充が家督を承継したのは、1553年ごろ、すなわち、13歳前後のときであったと考えられる。

　第6代当主村上吉充は、1555年の厳島合戦に加勢したことへの恩賞として、向島一円の支配を求めており、この求めどおり、1557年、向島と宇賀島（現尾道市向島町小歌島）の支配権が認められた（『因島村上家文書』小早川隆景書状）。吉充は、ここに余崎城および岡島城を築き、長年住み慣れた土生の長崎城から向島南部の立花余崎の余崎城に移った。その後、1568年、因島北部の重井庄青木の青木城に移り、余崎城、岡島城には城代を置いた（『松岡水軍史』492頁）。

　河野水軍の河野家侍大将18将には、筆頭に村上武吉が、第2順位に村上吉充（因島村上家第6代当主）が、第3順位に村上通康（来島村上家当主）が掲げられている（⇨37頁(3)）。

　吉充のその後の活動年を特定するのに、特に重要なのは、吉充が、1557年、向島の支配権の取得に加えて、新蔵人の官位を求め、京都に推挙することの了解を小早川隆景から得ていることである（『因島村上家文書』小早川隆景官途吹挙書下）。隆景からその了解を得た吉充は、この年以降、新蔵人と呼ばれることとなる。裏返すと、「新蔵人」として吉充宛てに差し出す書状は、1557年以降に作成されたものであり、それ以前の吉充は、幼名である「又三郎」と呼ばれているということである。これが、吉充の活動年を認定する一つの重要な事実となる。

4　吉充の因島退去から関ヶ原の戦いでの敗戦まで

　因島村上水軍第 6 代当主村上吉充は、因島北部重井の青木城を居城として
いたが、村上武吉が筑前に移動した1587年、因島を退去し、備後国の鞆の津
(福山市鞆町鞆所在) にある鞆の城に移動した。

　吉充は、1591年、家督を吉亮 (幼名吉太、吉祐、新左衛門尉、新庄左衛門)
に譲り、吉亮は、因島村上家の第 7 代当主となった。吉亮は、家督を承継し
た後、同年、鞆の城を出て毛利氏領内の備後三原に移った (『松岡水軍史』
634頁)。毛利輝元は、これに合わせて、因島村上家の貢献に報いるために、
この年、吉亮に対し、鷺島 (現三原市鷺浦町、島名は佐木島) と長門国豊西郡
の地869石を給している (『因島村上家文書』毛利氏年寄衆連署打渡状、『周防大
島町誌』167頁)。これにより、吉充は鞆に、吉亮は三原に本拠を置くことと
なった。

　村上吉充と村上吉亮は、1600年 (慶長 5 年)、関ヶ原の戦いの四国路にお
ける西軍の戦線強化を図るため、伊予三津浜の戦いに参戦したが、刈屋口に
おいて、吉充の弟吉忠は戦死を遂げた。その戦いの直前に戦端が切られた
関ヶ原の戦いにおいて西軍は敗退したため、吉充・吉亮父子も敗軍となって
西に下った (⇨126頁)。

関ヶ原の戦いでの敗戦から
吉充の蟄居まで

1 関ヶ原の戦い後の因島村上水軍

1600年9月、関ヶ原において、徳川家康の東軍と豊臣家の西軍は、戦端を開き、激突したが、毛利軍の友軍であるべき小早川秀秋が東軍に与したことなどから、西軍は総崩れとなって敗退した。関ヶ原の戦いで西軍総大将を務めた毛利輝元は、その敗戦により、安芸国を中心とする従来の支配地10国のうち8国を失い、周防国および長門国の防長2国に封じられた。毛利氏は、1600年11月、藩庁の候補として、周防国の要港三田尻近くの防府桑山（現防府市）、周防国北部で旧大内氏の居城があり由緒ある山口高嶺（現山口市）、長門国北部の萩指月山（現萩市）の3か所を徳川家に願い出たが、防府・山口は許されず、日本海側の萩に築城せざるをえないこととなり、その後毛利氏の支配地は萩藩と呼ばれることとなった（⇨126頁）。

毛利氏は、藩庁が決まると、直ちに藩の支配体制を整えることとなり、1600年11月、藩に4つの支藩を置くことを願い出て許された。最重要支藩は、長府領と岩国領であり、藩東西の守りの要地とされた（⇨127頁）。

毛利氏は、そのうち、長府領と岩国領を萩藩の東西の守りの要地とすることとし、1600年末、岩国領の周防大島には能島村上家の村上武吉と村上景親を置き、長府領には因島村上家の村上吉充・吉亮を置くこととし、因島村上家については、村上吉充・吉亮に長府領豊浦郡矢田間（現下関市豊北町矢玉）に2800石の給地を与えた（『吉海町誌』205頁、『松岡水軍史』636頁）。

毛利家は、村上武吉が没した1604年（慶長9年）の翌年である1605年ごろ、従来海賊衆と呼ばれていた毛利水軍を萩藩船手組に改め、従来、毛利水軍において8組の組を設けていたものを7組とし、村上元武および村上景親をそれぞれ組頭に任じた（⇨128頁）。

一方、毛利家は、因島村上家の当主である村上吉亮については、萩藩船手

組の体制の中で、村上元武の配下に置いて番頭に任ずることとし、1605年ご
ろ、村上吉亮に対し、従来の給地である長府領矢田間から岩国領大島郡周防
大島（現山口県大島郡周防大島町）の三蒲に給地を移させることとし、ここに
屋敷を置かせ、船手組の番頭に任じた。番頭とは警備部門の責任者の地位で
ある。村上吉亮は、毛利家船手組の任に就いたことから、船手組の本拠であ
る周防三田尻（現防府市）の警固町に下屋敷が与えられた（『周防大島町誌』
172頁、『因島市史』434頁）。吉亮の給地については、文献中に記載はないが、
因島の郷土史家である今井豊氏（因島あおかげ歯科医院長）は、これを三蒲で
あると特定される。吉亮の給地の石高は不明であるが、寛永3年には443
石、天保12年には398石5斗であったとの史料がある（『周防大島町誌』168
頁）ので、1605年ごろにも500石前後であったと考えられる。

2 吉充の蟄居

(1) 吉充の蟄居に関する3説の存在

　村上吉充が吉亮に家督を譲った後の吉充の動向について、3説が対立して
いる。第1説は、吉充は蟄居したのではなく、長門矢田間にいることを潔し
とせず、因島に戻って、因島で晩年を迎えたとする説である。第2説は、吉
充は蟄居することなく逝去し、佐方に移ったことはなく、吉充が蟄居した事
実も、周防の因島村上家を離れたとの事実もないとし、松山藩佐方で没した
といわれている義光は、第6代吉充の1〜2代後の者であるとする説であ
る。第3説は、吉充は弓削島に移って蟄居し、その後、越智郡大島の亀田郷
に仮に住居し、1610年、松山藩主であった加藤義明との間で和議が調い、乃
萬郡掌田庄佐方保に移って居住することとなったとする説である。そのい
ずれによるべきであろうか。

　結論からいうと、第3説が正当である。すなわち、因島村上家第7代当主
である村上吉亮が毛利水軍船手組の番頭に任じられ、能島村上家の下に付く
こととなり、吉亮が長府領豊浦郡矢田間から岩国領大島郡周防大島の三蒲に
移ることとなった1605年ごろ、吉亮の父である村上吉充は、自らは嫡流因島
村上家を離れて蟄居することを決めたものである。毛利藩主として村上吉充
が仕えてきた毛利輝元が、領地を10か国から周防・長門の2か国に削られ、

萩に蟄居させられるに等しいこと（『因島市史』430頁）から、吉充としては、主君の蟄居に従って自らも蟄居するという選択をしたものと考えられる。蟄居には2種類あり、家の外を出歩くことを許されない処分としての蟄居と、謹慎して質素・控え目に暮らす自重の宣言としての蟄居があるが、ここにいう蟄居は後者である。

　吉充は、まずは伊予今治藩内の弓削島に蟄居し、1608年までここで過ごした後に、次いで、今治藩大島予添国（現今治市宮窪町余所国）の亀田郷に仮に居住して、時を過ごした。因島は、吉充が直接支配してきた場所であるのに対し、今治藩に属する弓削島・大島は、吉充が直接支配してきた地ではないために、吉充がここに蟄居することについては、今治藩の藩主である藤堂高虎の了解が得られたものと考えられる。その後、1610年になって、松山藩主加藤義明との和議が調って、その年、伊予松山藩乃萬郡掌田庄佐方保（現今治市菊間町佐方）に移り、そこで晩年を過ごし、1623年に没したものである。

(2)　各説の検討

①　第1説（因島帰還説）

　第1説は、『村上水軍興亡史』[93]に見られる説であり、因島の言い伝えの一つでもある。しかし、当時、因島は広島藩に属していたものであり、広島藩は、毛利家がここを退去した1604年の翌年である1605年に福島正則が藩主として治めることとなった地である。福島正則は、秀吉の重臣であり、四国征伐（⇨119頁）においてもこれに加わって戦功を上げ、今治に領地を得て、村上武吉が退去した後の国分山城に入城したものであり、村上水軍とは因縁が浅くない武将である。四国征伐後も「河野狩り」と称される河野関係者処罰に携わって忽那水軍の城や寺社を焼き払った者であり（⇨125頁③）、関ヶ原の戦いでも、東軍の武将として、西軍の総大将毛利輝元に従う吉充とは敵味方として戦っている。その功により、関ヶ原の戦いの後は広島藩主の処遇を受けたものの、秀吉の腹心の部下であったことから、徳川家が放逐の機を窺うであろうことは明白であった。その最中に吉充が広島藩内の因島に入れ

93　森本繁『村上水軍興亡史』（学習研究社、2001年）139頁。

ば、旧臣がその下に集まって、いつ謀叛が起こるやもしれないことになり、その場合には、徳川家から責任を追及されることになる。このような中で、吉充が因島に入ることが広島藩から許されるとは考えにくい。吉充が晩年を因島で過ごしたことを裏付ける史料もない。第1説は採用困難である。

② 第2説（蟄居否定説）

第2説は、地元因島で発行された『因島市史』441頁にある説である。この説によれば、吉充は佐方に行ってはいないとされている。その根拠は、大内義隆が村上新蔵人に対し、1544年、鞆の浦内に18貫文与えるとの下文（くだしぶみ）を授与していることである（『因島村上家文書』大内義隆下文（村上新蔵人宛））。この説は、この下文の宛先である村上新蔵人を第6代当主村上吉充であると解し、鞆の浦内に18貫文与えるとの下文の内容から見て、そのとき吉充は少なくとも16歳は超えていたと推測し、吉充の逝去年は1623年であるから、吉充は逝去時には100歳近くまで生きたことになり、これは不合理であるとする。そして、吉充が佐方に移転したのではなく、佐方の菩提寺長本寺にある吉充の位牌は、第6代当主吉充の1～2代後の人物であろうと推論する。

しかし、吉充が新蔵人の官途を得たのは1557年である。これは1555年の厳島合戦に参戦した恩賞として得たものであり、吉充は、1557年、小早川隆景に対し、新蔵人の官位が得られるよう取り計らってほしいと依頼し、これに対して小早川隆景が承知した旨返答している（『因島村上家文書』小早川隆景吹挙状）。そうすると、大内義隆が新蔵人を宛先として18貫文を与えるとした1544年の下文が、第6代当主村上吉充に対してであることはありえない。この下文が発せられた時期が1544年であることからすると、これは、吉充の先代である第5代当主尚吉に宛てたものではないかと考えられる。

この観点から史料を探索していたところ、嫡流因島村上家の当主村上典吏子氏から、同氏の下に「因嶋村上源氏家譜」と題する家譜の写本が保管されていることを知らされた。この家譜写本を見せていただくと、この家譜は、江戸時代に第13代当主村上充實（みつざね）によって作成されたものであり、その内容から見て信頼性が高いものであることが判明した。この家譜写本によると、第3代当主吉充の官途名は新蔵人であり、第5代尚吉の官途名も新蔵人であるとされ、これに続いて、第6代当主吉充の官途名も新蔵人であるとされてい

る。この家譜写本に照らせば、上記の大内義隆下文は、その作成時期から見て、第5代当主村上尚吉に充てられたものと確定できる。

したがって、この大内義隆下文が第6代当主吉充に宛てられたものと考えるのは誤りであり、この誤った事実を前提とする第2説は、採用することができない。

吉充は1555年の厳島合戦当時、若年だったというのであり、当時の武人の家督相続年齢や合戦の初陣の時期を考えると、若年というのは、15歳前後であったと考えられる（⇨156頁）。そうすると、吉充が佐方に入ったとする1610年には、吉充は70歳前後であり、逝去したとされる1623年には83歳であったと考えられる。これは、当時においてもありえない年齢ではない。

③　**第3説（佐方蟄居説）**

第3説を裏付ける史料としては、江戸時代中期の松山藩軍学者野沢象水（1747〜1810年）が描いた日本最古の海城分布図「伊予国嶋々古城之図」（愛媛県歴史文化博物館蔵）の中に「長崎城主、後に鞆之城主、佐方に蟄」と記載されていることが挙げられる。吉充が弓削島に蟄居した後、そこから越智郡大島に移ってきたことを裏付ける史料として、大島高竜寺に保管されている村上宗太郎文書「能島記録亀老山高竜寺記」がある。この文書によれば、吉充は、矢田間から弓削島に移って蟄居し、1608年、弓削島から大島の予添国亀田郷に至り、ここで仮に住居した後、1610年、松山藩城主加藤嘉明との間に和議が調い、佐方に移ったとされている（『吉海町誌』205頁も同旨）。また、『亀岡村史』[94]には、吉充が大島から譜代家臣36騎を従えて佐方に移住し、ここを安住の地と定めたと記載されている。江戸時代の佐方村は明治になって愛媛県野間郡亀岡村に編入され、昭和年間に野間郡菊間町に編入され、平成年間に今治市菊間町に編入されたが、『亀岡村史』は、亀岡村当時である1961年の記録である。

上記のうち、特に、江戸時代中期の軍学者野沢象水の記述は、当時の調査結果に基づいているものであり、他の史料・文献とも矛盾がなく、信用性が高い。第3説が正当である。

94　愛媛県越智郡亀岡村誌編集委員会編集『亀岡村史』（同委員会発行、1961年）365頁。

　私の村上水軍研究は、伯方島を定点とした能島村上水軍の研究であったが、私の知人であるパロマ社長（現会長・小林弘明氏）が村上水軍の方と親しいと聞き、紹介を受けてお会いすると、なんと因島村上家の第23代当主村上典吏子氏であった。嫡流能島村上家との出会いが、因島村上家の当主との出会いに繋がったのである。話はみるみる発展し、遂には、2018年夏の因島水軍まつりに招待され、この祭りの中の火まつりの催しに私も参加することになった。火まつりは、小早（俊敏攻撃船）3艘が海上に控える中、松明を

写真3：因島村上家当主と共に

携えた数十人の水軍本陣による各種陣形披露でクライマックスを迎えた。私は水軍軍師として、軍の最先端で「方円の備え」「長蛇の備え」「魚鱗の備え」「鶴翼の備え」などの陣形の指揮に当たるという役に任じられた。軍扇による指揮により次々に陣形を変えていくさまは、水軍戦士の往時の姿を偲ばせた。

　陣形披露は、準備着手からフィナーレの御屋形様下知まで3時間余りの真剣勝負である。甲冑は20キロを超え、これを着けるとトイレに立つことができないので、事前にそのための水分摂取制限の研究も行ったが、時は真夏、年齢も年齢であり、老人性熱中症が心配だった。そこで、物知りの知人に助言を求めた。曰く「簡単だよ！ 大人のおむつといういいものがある」。私がそれを実践したかどうかは秘することとするが、当日、無事水軍陣形披露の指揮を終えることができたことをご報告したい。

　格言を一つ：「甲冑で守りを固める水軍武将　内を守るはパンパース」

江戸時代以降の因島村上家

1 嫡流因島村上家

　嫡流因島村上家は、吉亮が当主となり、1605年ごろ、毛利藩船手組番頭（警備部門の責任者の地位）に就き、江戸時代には、代々毛利家に従ってきた。その菩提寺は防府市牟礼にある極楽寺である（『因島市史』434頁）。現当主は村上典吏子氏であり、因島水軍初代当主である村上顕長から数えて第20代当主に当たる。因島で広く行われている村上義弘を因島村上家初代当主とする考え方（⇨150頁⑵）および顕長が義顕の子であるとの考え方（⇨150頁⑴）によれば、第23代当主となる。

　嫡流因島村上家は、第6代当主村上吉充が因島を去って以降も、現在まで当主の承継が明瞭である。吉充が佐方に蟄居して、一族を吉亮に委ねているのがその理由であると思われる。吉亮は、長府領の矢田間から岩国領の周防大島（屋代島）の三蒲に移転し、三田尻船手組の番頭となったが、その給地だけでは一族を維持することが困難になったと見た吉充は、周防大島に移ることなく、蟄居という形でこの地を去り、今治藩弓削島・越智大島を経て松山藩佐方の地に定住した。これにより、周防大島の三蒲に移った嫡流因島村上家は統一体を失うことなく存続したのである。

　嫡流因島村上家の第20代当主の3代前の当主である第17代当主は、村上昌輔氏であり、陸軍少佐に任じられた軍人であり、その娘である村上ハル氏は、明治時代に長州菅野家出身の陸軍大将菅野尚一氏に嫁いだ。しかし、昌輔氏の子で因島村上家を承継した第18代当主村上健三氏は、戦時中である1944年に子がないまま逝去したため、村上家の出であるハル氏の第7子である菅野七郎氏が因島村上家を家督相続することとなった。菅野七郎氏は、学徒出陣から帰還した1945年（昭和20年）11月、因島村上家の家督を相続すると同時に村上姓を名乗ることとなり、以後、村上七郎氏が因島村上家の第19代当主となって一族を牽引することとなった。戦後まもなく家督相続の制度を廃止する民法改正が行われたのであるが、改正法の制定は1947年12月、そ

の施行は1948年1月であり、村上七郎氏が因島村上家の家督を相続した1945年当時の相続制度の下においては、家督相続が行われており（⇨143頁）、村上七郎氏は、菅野姓を村上姓に改め、家督相続の制度に基づき、村上健三氏から因島村上家の家督を承継したものである。

　村上七郎氏は、マスメディアに身を置き、共同通信記者を振出しに、フジテレビジョン専務取締役兼編成局長を務め、「ラッパ手兼務の将軍」といわれ、「北の国から」「スター千一夜」「なるほど！ザ・ワールド」等の看板番組の誕生を指揮し、後に関西テレビ社長としてマスコミ界に功績を遺した。その発想力と組織牽引力は、因島村上水軍が伝統的に有する組織経営哲学を基礎に持つのであろう。村上七郎氏は、1968年までに、自らが承継所有する中世・近世文書、甲冑、肖像画その他の祖先から承継して所有することとなった文物の保管を因島市（現在は尾道市）及び青影観光会（現在は尾道市教育委員会）に託した。このうち、「紙本墨書因島村上家文書三巻」は、1962年、『因島村上家文書』として広島県重要文化財に指定され、以後、因島水軍城に保管され、中世・近世の瀬戸内水軍史の研究に貢献している。「白紫緋糸段縅腹巻一領」も、同じく広島県重要文化財に指定されている。また、「紙本着色村上新蔵人吉充像一幅」は、尾道市重要文化財に指定されており、各種文献にその写真が掲載され、水軍武将吉充公の当時の姿として広く認識されている。護良親王の令旨である「大塔宮令書一幅」（⇨93頁(2)）も、中世の瀬戸内水軍史を研究する上で重要な史料である。

　2007年には、同氏の長女である村上典吏子氏が村上七郎氏から当主を承継し、映画プロデューサー兼放送作家として、映画・TVという映像の世界に身を置き、映画「男たちの大和」の製作を牽引するなど、海の力と組織牽引力を生かす伝統を承継している。村上典吏子氏が第20代（因島内の数え方では第23代）当主として牽引している因島水軍まつりは、因島村上水軍の海戦用小早・戦時陣形・大松明・因島村上水軍陣太鼓演奏など、中世の姿を忠実に再現したもので、サントリー地域文化賞を受賞するなどの盛り上がりを見せている。第6代当主村上吉充が因島村上家一族の統一体の保持を図った伝統が、今に引き継がれているものといえる。

　因島には、第2代当主村上吉資が第4家老宮地妙光とその子の宮地資弘

（大炊助）に命じて1449年に建立した菩提寺金蓮寺がある。創建は1449年である。金蓮寺は、因島村上氏が因島を出て鞆の浦に移ってから廃寺となり、江戸時代中期である1726年には「金蓮寺跡くずれ懸り申候」と記載され、江戸時代中期に荒廃した。その後、江戸時代後期である寛政年間（1789〜1801年）に再興され、今では因島村上家一族のまとまりの中核としての存在となっている[95]。

2　因島に残留した因島村上家一族

　一族の配下の武士は、因島に残った者もある。江戸時代、村上家の分家が因島の庄屋の一人に任じられた。また、残った因島村上一族のうち、宮地氏（⇨153頁②）は、江戸時代には、因島南東部の三庄村（現尾道市因島三庄町）において、三庄廻船の屋号で廻船業を営み、広島藩城米廻船方の廻船方頭取を務めてきた。因島村上水軍における才と人材を用いての営みであると考えられる[96]。因島南西部の土生村（現尾道市因島土生町）では、因島水軍の船大工の技能を生かしてのことと考えられるが、船造りが行われており、明治20年代に土生村に船渠（せんきょ）が設けられて造船業の端緒となり、技の因島村上水軍の伝統を生かして造船業を重要産業に育てている。宮地氏の末裔である宮地剛氏は、株式会社一条工務店の代表取締役として、同社を率いて「家づくり」の全国展開をしており、建設省「いえづくり'85プロジェクト」で最優秀賞を受賞するなど、技の因島村上水軍の伝統の下に組織のリードに尽くされている。因島には、因島ガス株式会社、株式会社万田酵素など、技の因島村上水軍の精神の下に企業展開をする会社が多く、嫡流能島村上水軍が海運業を展開する伯方島と好対照をなしている。

3　佐方における因島村上家

　因島村上水軍の最大化を導いた第6代当主吉充は、弓削島・越智郡大島を経て松山藩佐方に蟄居して晩年を迎えた（⇨162頁③）。これが因島村上水軍の統一一体を守る要素になったことは前述した。佐方には、その後、村上吉充

95　後藤陽一・前掲注75・440頁。
96　後藤陽一・前掲注75・441頁。

直系の子孫と吉充に従った一族の末裔が代々居住し、佐方村上家一族を構成して現在に至っている。菩提寺は長泉寺（今治市菊間町所在）である。

第 **7** 章

村上水軍の経営哲学

I

経営哲学の第1命題「牽制と連携」

1　第1命題と事業経営

　村上水軍の成立は、今から約1000年前の1070年に遡る。村上水軍を興した村上家は、河野水軍をビジネスモデルとして、武装要員で守りを固めつつ海運業務を行ってきたものであり、その成立の当初から事業経営者であったといえる。これまで、村上水軍については、「海賊」の呼称を付して、おどろおどろしい響きで世間の牛耳を引こうとする書籍が多く、村上水軍の行動原則の分析に際しても、「村上水軍の兵法」など、武力行使の側面でしかとらえられてこなかった。本書は、村上水軍を「武装した海運業者」と位置付け、村上水軍を事業者としてとらえてきた。本章は、その経営哲学について取り上げるものである。

　村上水軍の経営哲学の第一命題は、「牽制と連携」である。民事再生申立事件で、村上水軍の支援を受けて再生に向かうこととなったことをきっかけとして、伯方島の嫡流村上家一族や因島村上水軍の方々と繰り返しお会いするうちに、村上水軍各家の経営能力の高さがどこから来るのかについて考えさせられることとなった。その場でたびたび耳にした言葉の一つに、「牽制と連携」のフレーズがある。

　「牽制」は「征服」や「淘汰」に対置される言葉であり、「連携」は「支配」や「同化」に対置される言葉である。能島・因島・来島の各村上水軍は、村上師清の3子が3島それぞれの家督を承継して成立したものであり、3島村上水軍のその後を見ると、支配・隷従・腐敗を避けつつ統一体を保っていっており、それを支える哲学が牽制と連携であると感じさせられる。3島村上水軍は、河野水軍・忽那水軍・塩飽水軍の各水軍との連携体制により、芸予海域における通関銭徴収体制を確立した。これらの瀬戸内6水軍は、それぞれが独立しつつ、航行船舶の警固と通関銭の徴収という目的で連携してきた。それぞれが互いに他を支配せず、その中で腐敗や安住を避けつつ連携していく、これを支えるのが「牽制と連携」の哲学である。

これに対置されるのが、欧米諸国の祖に当たるローマ帝国のローマ法による支配である。ローマ帝国は、征服により他国を支配領域内に収め、支配された者を隷従させる体制であった。それを支えたのがローマ法である。ローマ法の下では、他を淘汰しつつ巨大化することが正当として認められる。この体制下では、形成された組織が安住することを避け、活力を保持させる手段は、自由競争による淘汰である。牽制と連携により共存を図る村上水軍哲学とは対照的である。

　嫡流能島村上水軍一族の末裔の方々には、企業を経営される方が多い。その方々の結び付きは、「牽制と連携」を体現したものである。歴史を振り返ると、村上水軍が牽制と連携を視野に入れた組織作りを企図していくのは、3島村上水軍の成立時、すなわち、1390年ごろのことである。この時から、村上水軍は、牽制と連携を図り、組織の腐敗劣化を避けつつ共存する哲学として、牽制と連携を家是に据えたものといえる。

　今治海事クラスターを構成する伯方島の企業には、小規模なものが比較的多く、それが連携して力を発揮しているといわれる。これは、1390年ごろ以来、3島村上水軍を形成し、牽制しつつ連携していく思想の下に事業を営んできた伝統によるものと思われる。一般に、日本の企業は、その存続年数が著しく長い。老舗企業の存在である。牽制と連携の哲学によって、他を淘汰するのではなく、牽制しつつ共存していく。村上水軍は、3島村上水軍を作って以来、海運業という一つの業務を1000年にわたって継続してきた。存続期間が短い淘汰型の国々の企業とは対照的である。

2　江戸時代の地方統治に見る「牽制と連携」

　村上水軍の経営哲学に見る「牽制と連携」は、日本固有の経営哲学としての色彩を帯びる。3島村上水軍の成立に300年後れて成立した徳川幕府の地方統治の中にも、「牽制と連携」の哲学が取り入れられている。

　江戸幕府の地方統治の下部組織として村役人制度がある。今治藩には、1636年、村方三役として、庄屋、組頭、百姓代が置かれた。三役の頂点に立つ庄屋は、地方によっては、名主・月行事等の名で呼ばれる。庄屋は行政の長であり、今の村長に当たる。組頭は、与頭（くみがしら）とも呼ばれ、50戸に1人の割

合で選任され、庄屋を補佐する職務を担う。現在の地方行政機関に当たる。ここまでは特に驚きはないが、注目すべきは百姓代である。百姓代は、庄屋の職務執行を監査する役割を持つ。村人の一員が監査することによる「牽制と連携」の体現である。これは、牽制と連携により、組織の活力維持と腐敗・不正義の防止の目的の双方を達成しようとしたものといえる。三役の選任は、藩の指揮の下に代官が行った。

　これと対比する意味で、ヨーロッパを見てみると、権力の分立による統治を最初に主張したのは、フランスの法学者モンテスキューであり、1748年、「法の精神」と題する書籍を出版して、立法・行政・司法の三権分立を唱えた。村上水軍の牽制と連携の哲学は、それより400年前の1390年、3島村上水軍を創設したことに始まる。江戸幕府が牽制と連携の思想により地方統治体制を整えたのは、モンテスキューが三権分立を唱える100年余り前である。

3　江戸時代の裁判体制における「牽制と連携」

(1)　江戸時代の裁判体制と裁判の公正

　「牽制と連携」の思想は、江戸時代の裁判の仕組みの中にも取り入れられている。江戸幕府は、1604年、江戸の町に南町奉行所と北町奉行所を設けた。両奉行所は、独立した裁判機関であり、江戸という管轄区域内に、同じ裁判権限を持つ二つの裁判所が作られたことになる。徳川家康が征夷大将軍に任じられたのは1601年であるから、そのわずか3年後ということになる。二つの奉行所は、月番で民事事件を受理し、1月、3月、5月、7月という奇数月に受理した民事事件は南町奉行所が裁判をし、2月、4月、6月、8月という偶数月に受理した民事事件は北町奉行が裁判をする仕組みを作った（『近現代史』7頁）。江戸の町民は、南町奉行所で裁判をしてもらいたければ、奇数月に奉行所に申立てをすればよいことになる。この仕組みは、1619年に大坂にも作られた。東町奉行所と西町奉行所である。

(2)　牽制と連携の仕組み

　同一の管轄区域に二つの裁判所を作ることによって、何を狙ったのであろうか。賄賂で動くことのない裁判の実現である、というのが私の解釈である。賄賂は上から禁令を出してもなくならないが、庶民は、誰が賄賂をも

らっているかをいち早く知る。南町奉行が賄賂をもらって裁判をしていれば、事件が北町奉行所に傾く。そうなると、幕府が探索するきっかけが生まれるのである。この制度においては、両裁判所は牽制し合うことになる。

　一方、当時の裁判は一審制で、控訴は許されない代わりに、軽微な事件を除いて、全件について、江戸の全奉行と幕府の目付で構成される評定所の許可が必要とされた（『近現代史』21頁）。この場面では、各奉行は合議体の一員であり、協議・協力する関係にあった。要するに、牽制と連携を体現した裁判制度が作られたわけである。

(3)　牽制と連携の体制が出来上がったのはなぜか

　鎌倉時代から室町時代にかけて、日本中に広まったベストセラー本に、『庭訓往来』という本がある。この本には、鎌倉時代・室町時代に国民が承知しておくべき常識的な心得が書かれている。各地の寺などでこれに基づく講和が行われた。その中の8月の課題の中に裁判の項目があり、そこに「奉行人の賄賂……これを申すべし」と書かれている。「奉行人」というのは守護などの国守の意を体現する人のことで、「申すべし」というのは、「おやりなさい」という意味である。平たくいうと、「裁判官への賄賂、どうぞおやりなさい」ということである。鎌倉時代・室町時代には、その記載に誰も疑問を持たず、この本がベストセラー書籍として長い間読まれてきた。ところが、江戸時代に入って、裁判官への賄賂の話が忽然と消えてなくなるのである。いつの時代も、公式発表はあてにならず、小説・歌舞伎・落語などに真の姿が表れることが多いが、江戸時代の戯曲を読んでも、歌舞伎を見ても、落語を聞いても、江戸の奉行が賄賂をもらったという話は、一つも出てこないのである。

　江戸時代に入る直前の徳川家康の領内で、注目すべき事実が見つかった。江戸幕府開幕前の1590年（天正18年）、徳川家康が三河から関東に国替えを命じられたときのことであるが、家康の支配地である鎌倉に触書が出された。その内容は、次のとおりである[97]。

　「①寺社の領地は寺や神社の自治に任せるので、年貢をいくらにするなど

97　鎌倉市『図説鎌倉年表』（鎌倉市、1989年）32頁。

は、領主と百姓の間で話し合って決めるようにせよ。②話合いが成立しないときは、訴えて出れば、公正に裁判をする。③話合いで合意したことや裁判の結果を守らない場合には、厳罰に処する」

これを見ると、江戸幕府は、当事者自治を支えるものとして、公正な裁判が重要であると位置付けていることがわかる。1601年に徳川家康は征夷大将軍に任じられるが、その後、矢継ぎ早に江戸・大坂に1管轄区域2奉行所の体制を整えている。このことからすると、江戸幕府は、公正な裁判を統治の要に据えていたものと考えられる。

(4) 長崎奉行賄賂事件と江戸幕府の対処

江戸の町奉行所、大坂の町奉行所において、牽制と連携の仕組みにより賄賂のない裁判が動くようになったが、1633年になって長崎奉行所に賄賂事件が起こった。長崎奉行である竹内采女正が当事者から賄賂を取っているらしいという噂が江戸幕府に届いたのである。これに対して、江戸幕府は、調査を遂げた後に長崎奉行を出身藩に帰し、同年、竹内采女正は切腹となっている。こうして当人の切腹により一件落着ということで終われば並みの処理なのであるが、江戸幕府はこれでは終わりにせず、直ちに制度改革に乗り出した。すなわち、その年、長崎奉行として、曽我又左衛門および今村伝四郎の2人を奉行に任命し、両奉行のためにそれぞれ役宅を設け、奉行二人制として、月番で各役宅において事件を処理する体制を作ったのである。その後、1673年には奉行所を二つにしている。立山奉行所（長崎奉行所）と西役所（第二長崎奉行所）である。長崎は外国との貿易が許された日本でただ一つの地であり、金銭の動きの大きな場所である。ここに江戸・大坂と同じく複数の奉行所を作り、これによって賄賂の話がなくなって江戸時代が終わっている[98]。

4　劣化しない組織作りのための牽制と連携

江戸時代に裁判官の賄賂が撲滅されたのは、管轄区域・管轄事件がまったく同じ裁判所を二つ作った仕組みが功を奏したためであるということができ

98　外山幹夫『長崎奉行』（中央公論、1988年）43頁。

る。世界の司法の中で、同じ管轄区域内に受理事件がまったく同じ裁判所を二つ作った国は日本以外には存在しない。明治になってその仕組みは終わりを告げたが、江戸時代260年間にわたる公正な裁判の歴史が今に引き継がれている。「牽制と連携」により組織を維持してきたことによる産物である。

　組織は常に劣化し、または腐敗する危険にさらされる。これを押しとどめる哲学として、牽制と連携がある。「牽制」の要素と「連携」の要素をバランスよく取り入れるのは困難な課題であるが、「盲従ではない連携」の中で、「対立ではない牽制」を重んじる風土を築くことは、日々の目標とするに値する。

経営哲学の第2命題
「常に浮き沈みに備えよ」

1　村上水軍の歴史と浮き沈み

　村上水軍哲学の第2命題は、「常に浮き沈みに備えよ」である。「沈んでも必ず浮き上がる。浮き上がったときは次に沈むときに備える」のである。

　村上水軍が激しい浮き沈みを繰り返してきたことは、その1000年の歴史から明らかである。嫡流能島村上水軍の当主である村上博典氏は、船長の祖父が家業に用いていた船もろとも戦争に徴用され、フィリピンで船と運命を共にして戦没した。その荒波を乗り越えて、村上博典氏率いる村上家の今がある。阿部家の当主阿部克也氏も、同様に、父母と共に船上生活を経た後に、現在の隆盛にまで至っている。激しい浮き沈みの歴史といえる。激しく沈んだ場合のことを冷静に話していただける一族の方々に接すると、浮き沈みの歴史によって、浮き沈みにどう対処するかについて、鍛えに鍛え抜かれてきたものがあることがわかる。

2　小を束ねて大となす

　浮き沈みに備えるに際して、最も大きな役割を果たすのが「小を束ねて大となす」という手法である。大きな事業体と比べて、小さな事業の集合体は、それぞれの構成員の好況・苦境の程度が微妙に違ってくるために、沈んだときに、より大きな浮力を持つ。村上水軍の末裔の方々と接する中で、小を束ねて大となすことが、長い歴史を経て、自然と身に付いているのではないかと感じさせられてきた。今治海事クラスターの中でも、伯方島には小規模な企業が比較的多く、それが連携して力を発揮しているといわれるが、これも、小を束ねた結果から出る力を示しているものといえよう。物的側面を取り上げると、事業の1点に資源を集中させてしまうのでなく、海運業と石油業の組合せ、海運業と農業の組合せ、事業と地域貢献の組合せ、その他の

幅広い組合せの中で、浮き沈みに備える浮力を蓄えるのである。小さなものを編み合わせた場合の耐久力は、大きな単体よりもはるかに大きい。永年の歴史の中で、このような観点から複合体を自然にイメージする力が蓄えられ、その中に強い事業が形成されてくるという点に注目する必要がある。

3　足るを知る

　浮き沈みを乗り切るには、「足るを知る」の思想が重要である。嫡流能島村上水軍当主の村上博典氏によれば、伯方島では、海運会社の社長が少なくないが、仮に会社が儲かっていても、外車を買うことはしないという。「知足（足るを知る）」「貪らず」である。建設中のレジェンドゴルフ場（⇨179頁2(1)）にご案内いただいた際に、阿部克也社長が運転する四輪駆動の国産軽トラックに乗せていただいた。道なき急坂を強力に登る軽トラックに手に汗を握る思いであった。世界的海運会社を牽引する国際海運会社の社長と四輪駆動の国産軽トラックの間に違和感がないことは、浮き沈みに備える上で必要な要素であり、これが浮き沈みに備える力の源であると感じさせられる。

4　債権者と債務者の相互流動性の認識

　海運業は船が元手の仕事であり、時に荒れ狂う海が相手の仕事である。常に浮き沈みに備える村上水軍の哲学は、海から生まれてきた哲学である。沈んでも浮き上がる、浮き上がっても沈んだときに備えるという繰り返しを静かに受け止めることが出発点である。ここから、粘り強さ、次に備える周到さ、沈んだ者への配慮、沈むことを恐れない思い切りのよい行動力等々が生まれてくる。それは、債権者がタイミングによっては債務者に転ずるということを予想することでもある。この債権者と債務者の相互流動性が、債務者の再生の努力に理解を示す日本型債権者の特別な行動様式を作り上げているように思われる。これは世界に類例がない。

　債権者と債務者の相互流動性は、日本型債権者行動のみならず、日本の道徳の形成の根源でもある。日本には「相身互い」「罪を憎んで人を憎まず」「自らの欲せざるところ他人になすことなかれ」という思想があるが、これらは世界に共通する道徳ではなく、相互流動性の認識から生じる日本独自の

哲学である。

　世界に目を転じると、征服によって国家を形成した欧州等の諸外国の伝統から生まれてきた厳格な処罰の思想（『近現代史』51頁以下）を端源として、応報刑や懲役500年という判決が生まれる。民事罰でいえば、世界には課徴金5000億円というような例があるのも同様である。懲罰的損害賠償として500億円を支払えという判決が出るのも目の当たりにする。これに対して、世界的に見て緩やかな処罰体系を有している日本の実情は、犯罪や不法行為に対する日本的で特別な対処の仕方といえる。

　世界が新型コロナウイルスの侵襲を受けた2020年、中国では警察力により都市を封鎖し、韓国では徴兵制に基礎を置く多数の公衆保険医による厳格検査体制を実施した。また、両国とも、罰則をもって個人識別カード・住民登録カードの携行を義務付けていることから、これに国家が取得したクレジットカード情報を紐付けて感染者の行動と交友関係を洗い出し、国民の個人情報を掌握・管理することによりウイルスの感染経路を把握した。これに対して、日本では、国は罰則がない緊急事態宣言を発し、個人情報の尊重の観点から、感染経路の調査は本人からの聞き取りに基づく一方、国民は手洗いを励行し、外出時にはマスクを着用して飛沫の拡散を防止し、飲食店は保健所の指導に従って自発的に営業を自粛し、医療従事者は献身的に重症者の手当てを行い、結果として、世界に稀な低死亡率を達成した。強制と自律のコントラストが際立つ対処であった。日本には他の国には見られない行動様式がある。それが日本の歴史と伝統である。

　説得の努力と失敗者に対する理解、更生への援助の姿勢は、日本に本来的に根付いている考え方である。これらは、浮き沈み、すなわち、立場の相互流動性の理解に基づいて生まれる哲学であり、思想であるといえよう。この日本独自の哲学は、「欧米では」「諸外国では」という明治維新以来の使い古されたキャッチフレーズにより浸食されつつある。しかし、物事に対処するに際して、歴史や風土の上に築かれてきた日本固有のものについての理解が欠かせない。この問題を考えるについて、村上水軍哲学は一つの有用な検討材料を提供しているといえよう。

経営哲学の第3命題
「自らの依って立つ地を活力の源とせよ」

1　村上水軍の基本思想としての第3命題

　村上水軍の第3命題は、「自らの依って立つ地を活力の源とせよ」である。3島村上水軍は、能島・因島・来島と分かれ、それぞれを育んだ島を活力の源としている。それは先祖伝来の地というにとどまらず、その地を思い、その地で事業を興し、人を育て、そこを本拠として外に向かうのである。自らの依って立つ地の力を活力の源としているがゆえに、判断の基準が明白で、目標を見失わない。

　四国の中心地である私の郷里の近くに、かつて、ある騒動が起きたことがある。山間部にへばり付くようにして暮らしてきた村に、大観覧車の建設計画が持ち上がった。「大観覧車から秘境を見る魅力」で観光客を呼び込もうというのである。興味深い趣向ではある。土地の所有者も、管理に手間がかかり収益を生まない土地を売り払って代金を取得することができる。観光客が来れば商店主も売上げが伸びるかもしれない。しかし、源平合戦後1000年以上の間、平家の落ち武者や地元生活者に安らぎを与えてきた秘境の空気と歴史が壊されるのをどう考え、何をすべきなのか。そんなことを感じた経験がある中で、ここ伯方島で、それとはまったく異なる「レジェンドゴルフ場」の計画に触れた。

2　伯方島レジェンドゴルフ場

⑴　レジェンドゴルフ場とは何か

　瀬戸内伯方島の西部、瀬戸大橋しまなみ海道の伯方島インター近くに、海を見渡す日当たりのよい丘がある。この地に伯方島レジェンドゴルフ場の計画があると聞いて興味をそそられた。計画を主導するのは、伯方島の二人の自治会長である。計画地を見せていただくと、山林の中をショベルカーが整

地に精出している。公費を注ぎ込んだ地域活性化計画に基づく造成作業と見た。そうすると、地場の土建業者にカネを落とす整地作業のはずである。この点を質問した私に返ってきた回答は、私の想定の範囲を超えていた。

「息子に事業を譲った70歳以上の島の者が自前のショベルカーを使うて整地しよんよ」

レジェンドゴルフ場計画というのは、会社や仕事を次代後継者に譲った「レジェンド」が労力を提供して、島の皆が利用するゴルフ場を作り、子供たちが遊べるツリーハウスも作るのだという。要するに、仕事を息子に譲った島のレジェンドが、仕事で培ったショベルカー運転技術等を駆使して、自らがゴルフ場用地を整地する作業をしているのである。「これはいわゆる地域活性化事業とは違う」、それが第一印象であった。

(2) 感動の秘話の数々

つい引き込まれて、「口外無用」ということで、夢と感動の秘話を伺った。地方活性化事業のノウハウに満ちた話である。読者の方々も、ぜひ口外しないようお願いしたい。

「ショベルカーはリースだったんじゃが、斜面の作業で何回か転がして凹みができてしもうた。返そうとしたらリース会社に引き取りを断られて、買い取ってくれェいわれた。ほやけん、今は自前のショベルカーじゃ」

「ツリーハウスは樹齢500年の楠木の上に作る。いったん作ったが、風が吹くと揺れて危ないんで、鉄骨とワイヤーで補強しとるとこじゃ。ツリーハウスのあるトムソーヤの丘からゴルフ場まで滑車（ジップライン）で下りられるようにワイヤーを張った。途中、農業用のため池の上を通るんで、冒険気分を盛り上げるために、この池にワニを飼うてはどうかと考えた。ため池を管理する県の担当者が視察に来たんでそう説明したら、それは絶対にやめてくれェいわれた」

「この池は、古くからあるため池で、人が落ちると危ないけん、柵を作るようにいうとるんじゃが、管理する県のほうでなかなか動かん。それで88歳になるレジェンドに頼んで、今度、そこに落ちてもらうことにした。若い者が落ちても県は動かんじゃろうが、年寄りが落ちると、動くかもしれん。爺さんとは話がついとる」

「最初はフルサイズのゴルフ場を作る予定じゃったが、安全設備だとか衛生設備とかの規制がうるさいんで、グランドゴルフ場にすることにした。簡易クラブハウスの脇にコーヒーショップを作ろうと思うたが、税務署から固定資産税を払うてもらわんといかんいわれた。それで、廃車を運んできて、トレーラーハウスでコーヒーショップをやることにした。税金をかけるといわれたら、別のところに引っ張っていく。動かしたら固定資産税はかけられんじゃろう」

「ゴルフ場のすぐ隣に市の公園がある。そこにブランコと滑り台を置いとるけんど、子供の背丈くらいの雑草が生えとって、子供は誰ェも遊びよらん。仏作って魂入れずじゃけん、そのブランコと滑り台をこっちにくれェいうて、今交渉しとる」

どの話も、地域活性化事業に大いに参考になる。さすが、レジェンドの考えることは一味違う。

(3) レジェンドゴルフ場の計画

① 動機と立地

なぜここにレジェンドゴルフ場を作ることにしたのかを尋ねて、感じ入った。ここは日当たりがよく、海の眺めもよい島の要地である。しかし、ご多分に漏れず、ここにも休耕地や手入れ放棄の山林がある。ここに外国資本の太陽光発電会社が用地を取得するという話が持ち上がった。それを許すと、買収しやすいところだけを虫食いにされる。休耕地を転用されると、その後太陽光発電をやめても雑種地として使えるということで、野放図な開発がされる。そのため、先手を打って地権者にレジェンドゴルフ場の計画を話し、売らないように話をした。

② 建設資金

ゴルフ場を作るにはカネが要る。待っていてもカネはできないので、島内の別の地に二人の自治会長が共同で作った太陽光発電施設の収益の中から、予想以上に太陽が降り注いでくれて儲かった太陽の恵み分を供出することにした。労力はレジェンドの奉仕に頼るにしても、用地のうち、貸してもらえんところは買い取る必要がある。ワイヤーと鉄骨にも資金がかかる。ショベルカーも買い取った。これまで、6000万円ほどの資金を必要とした。これか

らさらに4000万円くらいはかかるだろう。それをどう埋め戻すかは今後考え
ることとして、とにかくスタートした。

　これが計画の進行の次第である。「国のカネ」によって地域の活性化を図
るという考え方が対局に存在する。その計画を地方の側から見てみると、雁^{がん}
字^じがらめの法令・通達・運用基準により、自在さと裁量を失う。「カネを
引っ張ってくる」「地元にカネが落ちる」ことが目標となり、事業の内容に
魅力が失せる。実施の段階で、突如として「法令と手続細目」「与野党全方
面からの批判に耐え得るもの」という基準が優先して、動きがとれないもの

となる。村上水軍哲学に基づく、「自由な発想、自在な展開」とは、隔たりが大きい。

　私も一度、「落語による地域文化振興」の企画について、官庁からの補助金をいただくためのお手伝いをしたことがある。しかし、進めてみると、事業費の3割の補助金をいただくために、遵守すべき「手続細目」があまりに多く、あまりに細かく、企画の精神が窒息するおそれが生じた。そこで、補助金取得企画から撤退して自主企画とすることを主導したことがある。予算を用意する段階まではよいが、実施に裁量と柔軟性がないのがまずいのである。

　③　「潮の鳴る丘」

　夢は広がり、伯方島南東部の丘の景色を塗り替える勢いがある。この丘に名前を付けようという計画がある。いくつもの候補の中から選び、「潮の鳴る丘」と命名する予定という。潮鳴りの向こうに瀬戸内の風土と歴史が見える丘である。

3　自由な発想と自在の展開を求めて

　四国の中心地（へきち）に住む私には、田舎の土地のことがよくわかる。私の郷里近くで市町村合併があったが、その時の出来事である。市町村合併の推進により、町役場・村役場が統合されて立派な市役所が建築されることとなった。工事を請け負った地元業者が新庁舎建築で潤い、その上、合併することにより無駄な経費が節減されて合理的な財政運営ができる。そう期待したのもつかの間、新合理化体制が施行されると、旧町役場・旧村役場が統廃合で消滅するのに伴って想定外のことが起こった。旧役場の消滅とともに、役場所在地の商店街まで消え去り、ひっそりとした街が残されたのである。企業や銀行の統廃合であれば、合併による合理化は、競争力強化と経費節約効果を生み、収益増を生む。しかし、競業者のいない田舎の場合、合理化の進展とともに、地域の基盤も節減されて消滅する。経費節減・収益増強のための企業会計・企業運営の視点だけでは、地域の活性化は図れない。

　地方には、売ろうとしても買い手が見つからない農地・山林が多い。その存在に目をつけて、外国資本等が跋扈し、これに伴って現れる開発業者は、

歴史・風土に無頓着である。その開発が歴史と風土を破壊し、それが過疎に
さらに拍車をかける。

　しかし、このようなマイナスの動きに抗する動きもある。山間部にある我
が郷里には、豊かな自然と温かさ溢れる口頭伝承がある。近時、「阿波の妖
怪伝説」を題材にした村興しの企画が進んでいる様子を見聞きするにつけ、
地域の夢を骨格に持つ力強さを感じる。自らの依って立つ地を活力の源とす
る哲学は、海から遠い四国の深山の地にも活力と潤いを与えつつある。

　レジェンドゴルフ場は、その最先端を行く企画である。それは、地方から
起こった計画であり、地方と風土への想いと地域の夢を骨格に持ち、自由な
発想で企画され、自在な展開を遂げていく。島のレジェンドによるレジェン
ドゴルフ場の建設計画には、「自由な発想」と「自在な展開」がある。依っ
て立つ地に夢を描き、自在に展開する経営哲学「自らの依って立つ地を活力
の源とせよ」を地方活性化に向けての締めくくりの言葉としたい。

あとがき（エンドロール）

　本研究に携わって5年が経過した。5年の間に、毎年伯方島をたびたび訪れ、嫡流能島村上家の方々にお話を伺い、訪ねるべき人を紹介していただき、瀬戸内の海の幸をごちそうになり、瀬戸内のお酒を味わわせていただいた。嫡流能島村上家の当主村上博典氏（村上石油社長）、伯方島で嫡流能島村上家一族を取りまとめてくださっている存在の阿部克也氏（日鮮海運社長）、伯方島三島神社の宮司として広く深い学識により調査を助けていただいた馬越晴通氏（三島神社宮司）、島のレジェンドを率いて一族の一角を占めていただいている中野俊一氏（明邦海運株式会社代表取締役）、一族の菩提寺禅興寺のご住職で禅興寺について種々お教えいただいた阿部信宏氏（能島村上家菩提寺禅興寺住職）、これらの方々には、一方ならずお世話になり、お礼を言い尽くせない。

　因島村上水軍を率いる当主村上典吏子氏（映画プロデューサー兼放送作家）には、因島村上家伝来の家譜・史料・一族集合写真その他の貴重な史料をご提供いただくとともに、因島水軍を今に再現する因島水軍まつりにご招待いただき、往時を偲ばせる甲冑体験をさせていただいた。氏が当主を務める因島村上家の本拠である因島にもたびたび訪れることとなり、しまなみ海道の島々の相互の関係も見えてくるようになった。氏のご主人は、河野家の末裔である河野通和氏（「ほぼ日の学校」学校長、「中央公論」・「婦人公論」・「考える人」元編集長）である。河野家と因島村上家の双方のお話を同時に伺える、贅沢な交流を持たせていただいた。

　前期村上水軍第2代当主村上顕清の末裔である甲斐雨宮家当主雨宮智美氏と先代当主雨宮東氏には、前期村上水軍を承継した信濃村上家および甲斐雨宮家に関する史料をご提供いただき、村上水軍の信濃・甲斐への広がりをお教えいただいた。

　大島の今治市村上水軍博物館（2020年4月村上海賊ミュージアムに改称）にも繰り返し訪ねさせていただき、そのつど田中謙氏（今治市学芸員、今治市村上水軍博物館勤務）にご案内いただき、ご研究に関するお話を伺った。今

治市の今治城もたびたび訪ね、藤本誉博氏（今治城学芸員、今治城勤務）からご説明を伺い、資料のご提供と史料入手方法のご教示をいただいた。史料と文献の調査のために足繁くお訪ねして、ご親切なご援助をいただいた愛媛県立図書館、因島図書館、今治水軍博物館、今治市役所、今治城のご担当の方々にもお世話になった。東京での文献調査において豊富な資料を揃えてくださった北品川の街道文庫田中義巳氏・KAIDObooks&coffee佐藤亮太氏にもお世話になった。

　本書のためにすてきな表紙絵を作成してくださった装画家の深谷利枝氏、島々でのレンタカーの運転・史料収集・写真撮影その他万般をこなしてくれた調査支援チームメンバー、出版の企画助言と編集につき力を尽くしていただいた一般社団法人金融財政事情研究会の竹崎巌氏、株式会社きんざいの高橋仁氏、城戸由紀氏等々、お世話になったすべての方々にお礼を申し上げたい。ありがとうございました。

事 項 索 引

【著者紹介】

園尾　隆司（そのお　たかし）

1949年生まれ、1972年東京大学法学部卒業、1974年東京地方裁判所補。札幌地方裁判所判事、最高裁判所民事局第2課長、同第1課長、東京地方裁判所判事、最高裁判所民事局長、同総務局長などを経て、2007年静岡地方裁判所長。2009年東京高等裁判所部総括判事。
2014年弁護士登録、西村あさひ法律事務所オブカウンセル。
2015年〜事業再生支援機構理事、2017年〜東日本大震災事業者再生支援機構社外取締役。

[主著]

『条解民事執行法』（共編著、弘文堂・2019年）、『倒産法の実践』（共編著、有斐閣2016年）、『条解民事再生法（第3版）』（共編著、弘文堂・2013年）、『民事訴訟・執行・保全の近現代史』（弘文堂・2009年）、『大コンメンタール破産法』（共編著、青林書院・2007年）。

村上水軍　その真実の歴史と経営哲学

2020年9月4日　第1刷発行

著　　　　　者	園　尾　隆　司
史料収集・写真撮影	藤　田　圭　子
発　行　者	加　藤　一　浩

〒160-8520　東京都新宿区南元町19
発　行　所　一般社団法人 金融財政事情研究会
企画・制作・販売　株式会社きんざい
　　編　集　室　TEL 03 (3355) 1721　FAX 03 (3357) 3763
　　販売受付　TEL 03 (3358) 2891　FAX 03 (3358) 0037
　　　　　　　URL https://www.kinzai.jp/

印刷：株式会社日本制作センター

ISBN978-4-322-13567-1